Werkstatt Lied

D1997779

Ideen für eine abwechslungsreiche Arbeit am Lied

Von Wolfgang Koperski

Verlag Moritz Diesterweg
Frankfurt am Main

Inhaltsverzeichnis

CIP-Titelaufnahme der Deutschen Bibliothek

Koperski, Wolfgang:
Werkstatt Lied: Ideen für eine abwechslungsreiche
Arbeit am Lied / von Wolfgang Koperski
1. Aufl. – Frankfurt am Main: Diesterweg 1988.
ISBN 3-425-03719-6

ISBN 3-425-03719-6

1. Auflage 1988

Umschlagentwurf: Hetty Krist, Frankfurt am Main
Satz und Notengrafik: Bibliomania GmbH, Frankfurt am Main
Druck: Wiesbadener Graphische Betriebe GmbH, Wiesbaden
Bindung: Adolf Hiort, Wiesbaden

1. Vorbemerkungen

Die vorliegende Schrift soll hauptsächlich Lehrern der Sekundarstufe I, aber auch allen anderen, die mit Kindern und Jugendlichen musizieren, Wege aufzeigen, handlungsorientiert, phantasievoll und abwechslungsreich an Liedern zu arbeiten. Unter *Arbeit am Lied* verstehe ich dabei vielfältige musikalische und spielerische Aktivitäten, die ein Lied als Material beziehungsweise als Ausgangspunkt haben. *Eine* davon – die wichtigste! – ist das Singen. Dieses wird aber durch andere Dinge wie Instrumentalspiel, Tanz, Szene, Spiel u.v.a.m. vorbereitet, ergänzt und bereichert. Auf diese Weise sollen den Schülern sowohl Freude am Singen als auch eine Reihe musikalischer Erfahrungen und Kenntnisse im Umgang mit Liedern vermittelt werden.
Diese Schrift sollte als eine Art methodischer „Ideenkiste" verstanden werden, in der der interessierte Leser Anregungen und nachvollziehbare Vorschläge für die Arbeit mit Schülern findet.
Alle Vorschläge sind im Unterricht verschiedener Schularten und in der Lehreraus- und -fortbildung erprobt, müssen aber dennoch vom Lehrer auf seine eigene Praxis übertragen werden. Das heißt, daß der Lehrer auswählen und variieren muß, je nachdem, wie sich seine eigene Praxis darstellt. Vielleicht regen ihn die Vorschläge auch zu eigenen weiterführenden Ideen an.
Die Vorschläge gliedern sich in sechs Kapitel:

1. Elementarlehre
2. Stimmbildung
3. Mehrstimmigkeit
4. Liedbegleitung
5. Spiel – Szene – Tanz
6. Unterrichtsmodelle

Einige *didaktische Überlegungen* und eine *Übersicht* leiten das jeweilige Kapitel ein, anschließend werden zu verschiedenen Teilaspekten *Arbeitsmöglichkeiten* genannt und an Liedern exemplarisch konkretisiert. Im sechsten Kapitel sollen vier Unterrichtseinheiten beispielhaft aufzeigen, wie aus der Fülle der Vorschläge sinnvoll ausgewählt und Arbeit am Lied gestaltet werden kann.
Auf ein Kapitel, das sich mit geographischen, historischen, gesellschaftlichen oder ähnlichen Bezügen von Liedern befaßt, habe ich bewußt verzichtet. Meines Erachtens sollten diese ohnehin bei jedem Lied Erwähnung finden, soweit sie von Bedeutung sind. Zu den in dieser Schrift behandelten Liedern werden in der Regel auch diesbezügliche Kurzinformationen gegeben; im Vordergrund soll hier aber die *musikalische* und *spielerische* Arbeit am Lied stehen, worin keine Gewichtung, sondern nur eine thematische Beschränkung gesehen werden sollte.
Bei der Auswahl der Lieder habe ich mich bemüht, vielfältige Erscheinungsformen und Stile zu berücksichtigen und dabei Lieder zu finden, die Schüler der Sekundarstufe I ansprechen. Außer in den Unterrichtsmodellen habe ich auf eine empfehlende Zuweisung zu einer bestimmten Klassenstufe verzichtet, da die Grenzen in bezug darauf, ob ein Lied in einer bestimmten Klasse „machbar" ist bzw. ob es bei den Schülern „ankommt" oder nicht, fließend und vom Einzelfall abhängig sind. Der Lehrer möge diesbezüglich selbst entschei-

den. Zudem habe ich versucht, auch auf eine Reihe wenig bekannter Lieder zurückzugreifen, die nicht zum „Pflichtkanon" der gängigen Schul- und Liederbücher gehören, so daß der Lehrer neben methodischen Ideen vielleicht auch noch einige ihm neue Lieder findet. Kanons sind in der vorliegenden Schrift nicht vertreten, sie sollen an anderer Stelle gesondert behandelt werden. Die meisten Vorschläge lassen sich jedoch ohne Mühe auch auf Kanons übertragen.

Ein besonderer Dank gilt meiner Frau Ingrid, die mir beim Verfassen dieser Schrift mit Rat und Tat zur Seite stand.

2. Arbeit am Lied

2.1. Elementarlehre

Unter dem Begriff „Elementarlehre soll im folgenden all das verstanden werden, was an musikalischem Handwerkszeug zum Musizieren, aber auch zum Musikhören gebraucht wird: die traditionelle Notenschrift, die musikalische Fachsprache, die Kenntnis der Parameter der Musik u.a.m.
Soll Unterricht in diesem Bereich nicht nur „Vokabellernen" bleiben, dann muß er an musikalische Erfahrungen anknüpfen bzw. solche vermitteln; nur so läßt sich Unterricht über die „Theorie" der Musik legitimieren. Ohne Bedeutsamkeit für die Lebensrealität des Schülers werden theoretische Begriffe in seinem Bewußtsein leicht zu aneinandergereihten Leerformeln, die schnell wieder vergessen sind, sobald niemand mehr nach ihnen fragt. In Zusammenhang mit eigenem Musizieren entsteht diese Bedeutsamkeit für die Lebensrealität des Schülers, und sei es auch „nur" im Unterricht, wenn häusliche Anregungen fehlen.
Lieder eignen sich wegen ihrer Überschaubarkeit, der meist klaren Gliederung und einfachen Struktur besonders gut dazu, dem Schüler musikalische Sachverhalte, Zusammenhänge, Erfahrungen und die damit verbundene Fachsprache nahezubringen. Zudem sind sie durch das Singen ein jederzeit wieder verfügbares Musiziergut; der Schüler kann Lieder und damit auch die mit ihnen verbundenen Lerninhalte „mit nach Hause nehmen". Und das ist durchaus nicht bei allem, was dem Schüler im Unterricht geboten wird, der Fall.
Damit soll nun nicht nahegelegt werden, ein Lied zu behandeln, nur um daran musikalische Elementarlehre zu betreiben – dazu wäre eigentlich jedes Lied zu schade. Desgleichen sollte Elementarlehre nicht nur an Liedern erarbeitet und geübt werden, sondern auch am Kunstwerk, am instrumentalen Spielstück u.a.m. Hier sollen keinesfalls längst überwundene didaktische Vorstellungen über die Rolle von Lied und Singen quasi „durch die Hintertür" wieder eingeführt werden. Im Vordergrund steht vielmehr der aktive und variantenreiche Umgang mit dem Lied: Sprechen, Singen, Begleiten, Spielen, und natürlich auch das Nachdenken über den Text und die vielfältigen über das Musikalische hinausreichenden Bezüge.
Das alles setzt aber – je nach Altersstufe, individueller Ausgangslage und zu behandelndem Lied in unterschiedlichem Ausmaß – Kenntnisse, Fertigkeiten und Fähigkeiten aus dem Bereich der Elementarlehre voraus. Und diese können *auch* am Lied erworben und geübt werden, können neben anderen Aktivitäten einen Teil der Arbeit am Lied ausmachen.
In der Regel werden deshalb Übungen aus dem Bereich Elementarlehre nicht zentrales Anliegen einer Unterrichtseinheit sein, sondern ergänzende und begleitende Funktion haben. Dies gilt in besonderem Maße für die Übungen zur Notenlehre („Notentraining"). *Daß sie im folgenden alle an einem Lied konkretisiert werden, findet seinen Grund in der für diese Schrift gewählten Gliederung nach methodischen Aspekten. Es bedeutet nicht, daß alle Übungen auf einmal an diesem oder einem anderen Lied durchgeführt werden sollen oder daß man gar ein Lied nur singen lassen soll, um solche Übungen anbringen zu können.* Einige wenige Übungen sollten jeweils ausgewählt und sinnvoll in den Unterricht eingebaut werden.

Im folgenden werden Vorschläge zu diesen Einzelaspekten gemacht:

– „*Notentraining*“:
Entwicklung und Festigung der Noten*lese*fähigkeit als Voraussetzung für das Musizieren nach Noten; es stellt einen festen Bestandteil (fast) jeder Musikstunde dar, etwa dem Kopfrechnen im Mathematikunterricht vergleichbar. Die Kenntnis der traditionellen Notenschrift befähigt Schüler, sich selbst Melodien aus Liederbüchern o.ä. etwa mit Hilfe eines Instruments zu erarbeiten, eventuell auch, Melodien zu notieren; damit wird meines Erachtens auch ein Beitrag zur musikalischen Selbständigkeit des Schülers geleistet: wer Noten lesen kann, ist selbst „Fachmann“ und weniger auf die Hilfe anderer angewiesen.

– *Formenlehre*:
Wie ein Musikstück gebaut ist, die Kenntnis der „musikalischen Architektur“, gehört meiner Meinung nach zu den wichtigsten Inhalten des Musikunterrichts. Dadurch wird Musik als „gemacht“ und „machbar“ erfahren, Übungen dazu ermöglichen das hörende Durchdringen, sind gliedernde Hör- und Musizierhilfe.
Die Übungen können sich naturgemäß nur auf die formalen Phänomene beziehen, die das Lied bietet: Motiv, Motivreihung, motivische Arbeit, Liedformen usw. Sie sind aber auf ähnlich strukturierte andere Arten von Musik übertragbar.

– *Takt/Rhythmus/Dynamik/Tempo*:
Hierbei spielt eine besondere Rolle, daß *vor* der theoretischen Begriffsbildung die musikalische Erfahrung stehen sollte. Es macht wenig Sinn, Begriffe „einzuführen“, wenn es keinen lebendigen Bezug gibt oder dieser erst im nachhinein hergestellt wird. Einmal mehr gilt hier, daß die fachwissenschaftliche Systematik nicht automatisch die Reihenfolge der Lernschritte im Unterricht liefert. Die Übungen sind vielmehr oft die Grundlage, auf der *später* das Bewußtmachen der Zusammenhänge und die Vermittlung der Begrifflichkeit aufbauen.

– *Klangerwartung*:
Die Vorschläge hierzu versuchen, die von Schülern gemachten musikalischen Vor-Erfahrungen und ihr erworbenes Fachwissen für die kognitive Auseinandersetzung mit Musik fruchtbar zu machen. Indem so etwas wie ein „geistiger Vorentwurf“ versucht wird, verbunden mit eigenen überlegten Gestaltungsversuchen, mit Vergleichen mit bestehender Musik usw., kommt man auch von der isolierten Betrachtungsweise weg, die im ganzheitlichen Phänomen Musik immer nur einzelne Aspekte untersucht und so in Gefahr gerät, Musik zu stark auf diese zu verkürzen.

Übersicht

Lied	*Aspekt*
Little Drummer Boy	„Notentraining"
Es nehme zehntausend Dukaten	Formenlehre
Gute Ruh!	Formenlehre
Leb wohl, Agathe	„Liederpuzzle"
Get Up My Ox/Arre bué	Takt
Tic e tic e toc	Takt/Rhythmus
I Saw the Light	Rhythmische Motive
Flaming Star	Takt/Rhythmus: Sprechstück
Es gibt kein schöner's Leben	Lautstärke
Wohlan, die Zeit ist kommen	Tempo
Early One Morning	Klangerwartung

Little Drummer Boy

„Notentraining“

Eines der beliebtesten neueren Weihnachtslieder; es stammt aus den USA und existiert in vielen verschiedenen Versionen, in verschiedenen Sprachen und Arrangements. Das Lied erzählt die Geschichte eines armen kleinen Jungen, der dem Jesuskind in der Krippe nichts schenken kann und ihm deshalb mit seinem Trommelspiel eine Freude machen will.
Alle Melodiebausteine sind bereits in den ersten vier Takten enthalten. Ein besonderer Reiz geht von dem in der Melodie und durch lautmalende Textsilben angedeuteten Trommelrhythmus aus. Der hier wiedergegebene Satz erlaubt auch eine rein instrumentale Ausführung.

(8) 9
Our fi - nest gifts we bring, pa - rum pum pum pum,
(8)
8
(16)
(8) 13
To lay be - fore the king, pa - rum pum pum pum, rum pum pum pum,
(8)
8
(16)
(8) 17
rum pum pum pum, So to ho - nour him, pa -
(8)
8
(16)

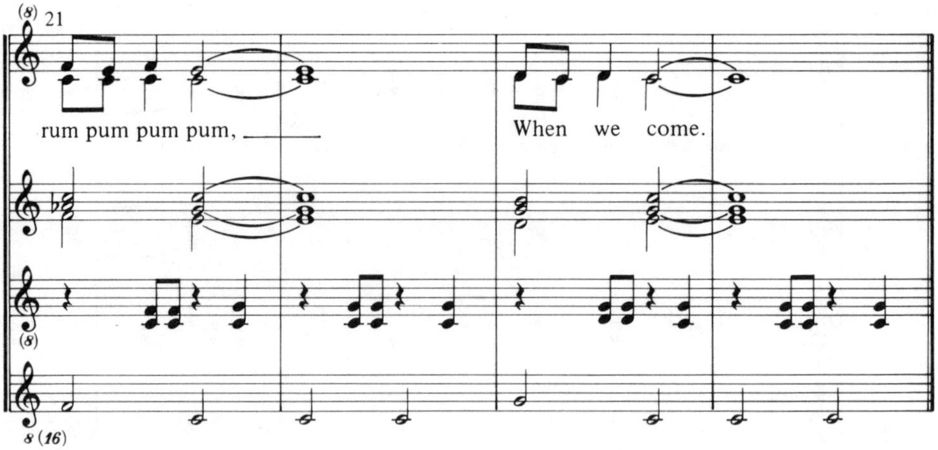

2. Baby Jesus, ... / I am a poor boy too, ... /
   I have no gift to bring, ... / That's fit to give our king, ... /
   Shall I play for you, ... / On my drum.

3. Mary nodded, ... / The ox and lamb kept time, ... /
   I played ma drum for him, ... / I played my best for him, ... /
   Then he smiled at me, ... / Me and my drum.

fit = geeignet, passend
to nod = nicken
ma drum = my drum

Begleitrhythmus kleine (Rühr-)Trommel (snare-drum)

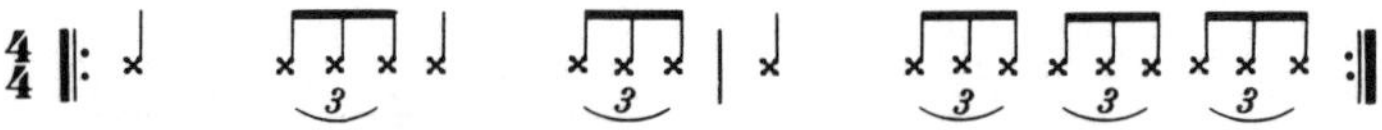

Arbeitsvorschläge

Die folgenden Übungen stellen Vorschläge dar, wie man die Notenlesefähigkeit schulen kann. Es handelt sich um Beispiele, die selbstverständlich nicht genauso übernommen, sondern dem jeweiligen Kenntnisstand der Klasse angepaßt und modifiziert werden sollten. Sie zeigen hier *exemplarisch* an *einem* Lied (dem vorstehenden Satz für Stimmen und Instrumente), wie Notentraining betrieben werden *kann* (in der Regel nicht länger als etwa 5–10 Minuten einer Stunde!).

a) *Noten benennen*:
   Wie heißt die obere Note im 5. Takt, 3. System, 4. Zählzeit? (f′)
   Welche Dauer hat der letzte Ton der Melodie? (6/4)
   Welcher Akkord steht am Anfang von Takt 7, 2. System? (f-Moll)
   Wie heißt der tiefste Ton der Baßstimme? (c bzw. C)

b) *Noten zählen*:
   Wie oft kommt in den ersten 6 Takten im 1. System eine Viertelnote c′ vor? (11 mal)
   Wie oft wird im gesamten Lied ein ♭ vorgeschrieben? (4 mal)
   Wie oft kommt in der Baßstimme von Takt 7 bis 12 ein c vor? (6 mal)
   Wie oft kommt in der Melodie ein Ton von sechs Viertelnoten Dauer vor? (6 mal)

c) *Notenrätsel*:

Ein *Takt* wird gesucht: er beginnt mit einer Viertelpause, dann folgen drei Viertelnoten, zwei davon in der gleichen Tonhöhe. Außerdem haben zwei Stimmen die gleichen Töne zu spielen, denn jede Note hat zwei Hälse. Wo steht dieser Takt?
(1. System, 5. Takt)
Wo steckt diese *Note*: sie ist höher als a′ und dauert kürzer als eine Viertelnote?
(Takt 15, 1. System, 1. Note: Achtelnote b′)
Die Schüler erhalten *schriftlich* eine Reihe von Aufgaben, die sich auf den Notentext beziehen. Die Anfangsbuchstaben der Lösungswörter ergeben, von oben nach unten gelesen, ein neues Wort.

Notenrätsel
Die Antworten auf die folgenden Fragen findest du in den Noten zu „Little Drummer Boy".
Von oben nach unten gelesen, ergeben die Anfangsbuchstaben der Lösungswörter ein neues Wort. Wie heißt es?

1. Was gibt die Bezeichnung 4/4 an?
2. Auf welcher Seite deines Stabspiels liegen die Töne der Oberstimme des 1. Systems im Vergleich zur Unterstimme?
3. In welcher der beiden Stimmen des 1. Systems kommt eine Achtelnote b′ vor?
4. Welche Instrumente spielen jeweils das 2. System?
5. Zu welchem Tongeschlecht gehört der erste Dreiklang in Takt 7, 2. System?
6. Wie heißt die 2. Note im 3. Takt, 1. System, Oberstimme?
7. Fachausdruck für das Binden zweier gleichhoher Töne über den Tatkstrich hinweg.

(Lösungen: Takt / rechts / Oberstimme / Metallophone / Moll / e′ / Ligatur / gesuchtes Wort: Trommel)

Da für Notenrätsel ein hohes Maß an Konzentration erforderlich ist und bei schwierigeren Aufgaben die Merkfähigkeit der Schüler leicht überfordert wird, ist zu empfehlen, die Aufgaben schriftlich an der Tafel oder auf Kärtchen festzuhalten. Notenrätsel eignen sich besonders gut für die Gruppenarbeit, wobei Schüler, die noch Schwierigkeiten mit dem Notenlesen haben, gut von ihren Mitschülern lernen können.
Oft ist es für den Lehrer nicht einfach, Aufgaben zu formulieren, die nur genau eine Lösung zulassen. Das muß auch keineswegs sein! Auch Aufgaben, die mehrere richtige Antworten zulassen, sind sinnvoll, solange die Zahl möglicher Lösungen nicht zu hoch wird.

d) *Notentexte mitlesen*:

- Der Lehrer singt oder spielt eine Passage vor, jeweils nur aus *einem* System und am Anfang beginnend. Bis wohin wurde gespielt?
- Varianten: Passagen inmitten des Stückes spielen, Passagen rückwärts spielen; zwei Systeme erklingen *gleichzeitig* (Klavier): die Schüler benennen die Passage genau, sagen, welche Systeme gespielt wurden.
- Der Lehrer macht beim Vorspielen (-singen) *genau einen* Fehler. An welcher Stelle war der Fehler zu hören?

Sollten die Schüler noch nicht in der Lage sein, Töne bzw. Stellen in einer Partitur durch Angabe der Akkolade, des Systems, des Taktes usw. zu benennen, bietet sich an, daß sie mit dem Finger die jeweilige Stelle zeigen (z.B. am Tageslichtprojektor) bzw. sie durch Einkreisen im Notentext kennzeichnen (mit Bleistift, damit Korrekturen möglich sind!).

Es nehme zehntausend Dukaten

Formenlehre

Baß-Arie aus der „Bauernkantate" von Johann Sebastian Bach. In barocker Fortspinnungstechnik arbeitet Bach mit einem kleinen Motiv.

Aus: Johann Sebastian Bach: Kantate Nr. 212 „Mer hahn en neue Oberkeet", BWV 212. Klavierauszug: Edition Breitkopf Nr. 7212.

Begleitsatz

Stabspiele

Schlaginstrument

Arbeitsvorschläge

Gespräch: „Versetzt euch einmal in die Zeit vor etwa 250 Jahren. In einem Dorf wird der neue Kammerherr erwartet. Ein Kammerherr war so etwas wie ein Amtmann, ein Steuereinnehmer und Verwaltungschef. Was würdet ihr an seiner Stelle tun, um euch bei den Leuten im Dorf beliebt zu machen?"
Ergebnis: der Kammerherr lädt alle Dorfbewohner zu einem Umtrunk ins Gasthaus ein.

Der Text des Liedes wird gelesen, fremde Begriffe werden geklärt.

Das Lied wird gesungen.

Arbeit am Tageslichtprojektor, die Folie mit dem Notentext liegt den Schülern auch als Arbeitsblatt vor.
Der Lehrer notiert an der Tafel einen *Melodiebaustein* α:

α 

„Kreise den Melodiebaustein ein, wo du ihn im Notentext entdeckst!"
Am Tageslichtprojektor und in den Schülerarbeitsbögen werden die Eintragungen gemacht.
Entsprechend wird mit einem zweiten Melodiebaustein verfahren:

α' 

„Warum kann man diesen Melodiebaustein α' nennen?" (Er ähnelt α, ist aber nicht genau gleich; Umkehrung von α)

Zum Lied wird ein *Streckenplan* erstellt. Ausgangsfrage: „Stelle dir vor, du seiest ein Dirigent. Du sollst das Lied mit uns proben. Wir schaffen aber nicht alles auf einmal. Wo lassen sich sinnvolle Einschnitte machen?"

Ergebnis:

A	A	B	A
4 Takte	4 Takte	4 Takte	4 Takte

Für die Benennung der Formteile gilt folgende Regel: gleiche Teile erhalten denselben Buchstaben, ein ähnlicher Teil wird durch denselben Buchstaben und einen kleinen Strich bezeichnet, verschiedene Teile erhalten verschiedene Buchstaben. Für geübtere Klassen kann die Benennung im Notentext weggelassen werden. Zur Überprüfung von Antworten und Vorschlägen der Schüler wird das Lied wiederholt gesungen.
„Was fällt am Streckenplan besonders auf?"
Alle Teile umfassen jeweils vier Takte.

A-Teil und B-Teil lassen sich jeweils noch einmal untergliedern; der besseren Unterscheidung wegen sollen kleine Buchstaben verwendet werden.
Ergebnis:

A	
a	a'
2 Takte	2 Takte

B	
b	b
2 Takte	2 Takte

Fazit: Das Lied weist einen symmetrischen Aufbau auf, jede Phrase läßt sich formal halbieren.

Der Streckenplan kann jetzt noch detaillierter aussehen:

A		A		B		A	
a	a'	a	a'	b	b	a	a'
2 T.	2 T.	2 T.	2 T.	2 T.	2 T.	2 T.	2 T.

Die in diesem Fall vorliegende Liedform heißt Reprisenbarform:

A	A	B	A
Stollen	Stollen	Abgesang	Reprise

Wie weit man hier ins Detail geht, hängt vom eigenen Interesse und von der jeweiligen Klasse ab. Das gilt auch dafür, ob und welche der Fachausdrücke den Schülern vermittelt werden. Wichtig ist vor allem, daß die Schüler den symmetrischen Aufbau und die Möglichkeit, verschiedene formale Einteilungen vorzunehmen, kennenlernen.

Beim erneuten Singen zeigt ein Schüler im Streckenplan mit.

Erweiterungsmöglichkeit:
Zum gesungenen Lied wird der Begleitsatz auf Orff-Instrumenten gespielt. Im Anschluß an das Lied spielen die Instrumente noch weiter (Teile B und A).

Gute Ruh

Formenlehre

Slowakisches Abendlied

2. Irgendwo leuchtet der Abendstern.
Unsre Gedanken sind nah und fern.
Gute Nacht! Gute Ruh!
Bald geht es wieder der Heimat zu.

3. Wogt auch das Meer noch und rauscht der Wald,
wir gehn zur Ruh nun und schlafen bald.
Gute Ruh! Gute Nacht!
Nun ist für uns dieser Tag vollbracht.

Aus der Slowakei. Deutscher Text und Melodiefassung: Wilhelm Wulf/Bernd Bennecke, aus: Pfeif drauf!, Liedblatt der Arbeitsgemeinschaft Liedblatt, Bündheim/Harz, April 1967.

Begleitung

Metallophon

Arbeitsvorschläge
Hier noch eine Variante zum Erstellen von *Streckenplänen*. Sie ist besonders für jüngere Schüler und für solche, die noch wenig mit der Formanalyse vertraut sind, gedacht.

Das Lied wird gesungen oder vorgespielt. Die Schüler versuchen festzustellen, wieviele Teile das Lied hat. Beim vorliegenden Lied „Gute Ruh" werden unter Umständen verschiedene Zahlen genannt: *drei* Teile bzw. *sechs* Teile. Vom Höreindruck her erscheint sechs Teile als die richtige Lösung, genaueres Hinhören und -sehen zeigt dann, daß je zwei dieser Teile eine viertaktige Phrase bilden.

Aus einem Vorrat von *Karten*, auf denen Buchstaben stehen, werden diejenigen ausgewählt, die zu den Formteilen des Liedes passen, und sie werden dann an der Tafel mit Klebestreifen in der richtigen Reihenfolge befestigt. Dasselbe können die Schüler auch in Gruppen machen, wenn ihnen entsprechende Kärtchen zur Verfügung stehen.
Zusätzlich wird nun noch die Länge der Formteile notiert, indem die Anzahl der Takte unter die Karten geschrieben wird.
Für „Gute Ruh" sähe der Streckenplan dann so aus:

A	A	B	A	B	A
2 Takte	2 Takte	2 Takte	2 Takte	2 Takte	2 Takte

Jeweils zwei Teile lassen sich zu einem zusammenfassen. Es liegt eine *dreiteilige Liedform* vor.

AA	BA	BA
4 Takte	4 Takte	4 Takte

Erweiterungsmöglichkeit:
Wir sortieren die Kärtchen für die Formteile um. Wie klingt das Lied jetzt?

Ein weiteres für Übungen zur Formenlehre geeignetes Lied ist „Gut shabes aich" (S. 78).

Leb wohl, Agathe

„Liederpuzzle"

Ironisches Lied mit einer entsprechenden, leicht melancholischen Melodie.

2. Ich gehe bloß mal auf die Bank,
das ist kein Tränchen wert,
da wird der Fahrdamm, Gott sei Dank,
bloß fünfmal überquert.

3. Nur keine Angst vor dem Spital.
Zu Mittag bin ich hier.
Wenn's später wird, dann frage mal
beim Polizeirevier.

4. Ich rufe zwischendurch mal an,
wahrscheinlich vom Geschäft.
Kopf hoch, mein Schatz, und denke dran:
nicht jedes Auto trefft!

Text: H. E. Richter, Melodie: Karl Fegers, aus: Der Zündschlüssel, Fidula-Verlag, Boppard.

Arbeitsvorschläge

Anhand des Liedes soll ein „Liederpuzzle" gespielt werden. Dazu bilden die Schüler Gruppen, jede Gruppe erhält einen Satz Kärtchen mit Teilen des Textes der ersten Strophe und einen Satz mit Melodieteilen:

a	FASSE DICH
b	ICH BIN JA NOCH NICHT TOT
c	LEB WOHL, AGATHE
d	DANN KOMME ICH
e	UM ZWÖLF ZUM MITTAGSBROT
f	WENN DAS SO BLEIBT

1 

2 

3 

4 

5 

6 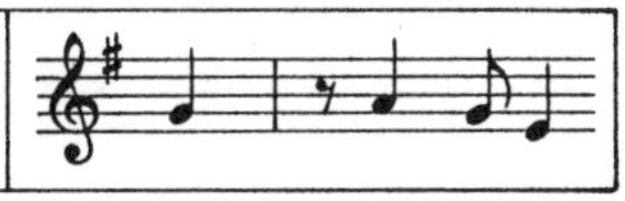

Die Schüler ordnen die Textteile den Melodieteilen zu, wobei sie ihre Zuordnung begründen und ggf. durch Singen erproben. Anschließend ordnen sie die Melodieteile mit den dazugehörigen Textteilen zu einer Melodie an.

Als Hilfsmittel dienen Stabspiele, um die Melodieabschnitte zum Klingen zu bringen, eventuell muß hier der Lehrer beim Spielen helfen.

Die Zuordnung der Textteile zu den Melodieteilen ist von der jeweiligen Silben- bzw. Tonanzahl her möglich. Das Festlegen der Reihenfolge der jeweiligen Abschnitte wird einerseits durch den Text erleichtert, andererseits auch dadurch, daß ja ein musikalischer Zusammenhang, eine plausible Melodie entstehen muß. Sollten verschiedene Varianten herauskommen, werden diese – eventuell von der ganzen Klasse – erprobt, verglichen und schließlich bewertet.

Die Schüler werden auf diese Weise auch dazu angeregt, über die Musik und wie sie komponiert (= zusammengesetzt) ist zu diskutieren.

Noch zwei Hinweise: Die Textteile sollten nur in großen Druckbuchstaben gegeben werden, da sonst durch die Großschreibung am Satzanfang eine unnötige Hilfe gegeben würde. Natürlich darf auch der Titel des Liedes vorher nicht verraten worden sein.

(Lösung des Puzzles: c 5 / a 1 / b 3 / f 2 / d 6 / e 4)

Abschließend wird das Lied in seiner Originalgestalt gesungen, der Begleitsatz kann dazutreten.

Für ein solches Liederpuzzle eignen sich am besten Lieder, bei denen auf jede Note genau eine Textsilbe entfällt (syllabische Textverteilung).

Get Up My Ox / Arre Bué

Takt

Lied aus dem Grenzgebiet zwischen den USA und Mexiko, in dem es um die harte Arbeit auf dem Feld und das Pflügen mit Ochsen geht.
Das Lied enthält sowohl in der Melodik als auch in der Harmonik spanische Elemente, die an den Flamenco erinnern (vgl. „Straßen auf und Straßen ab", S. 84).

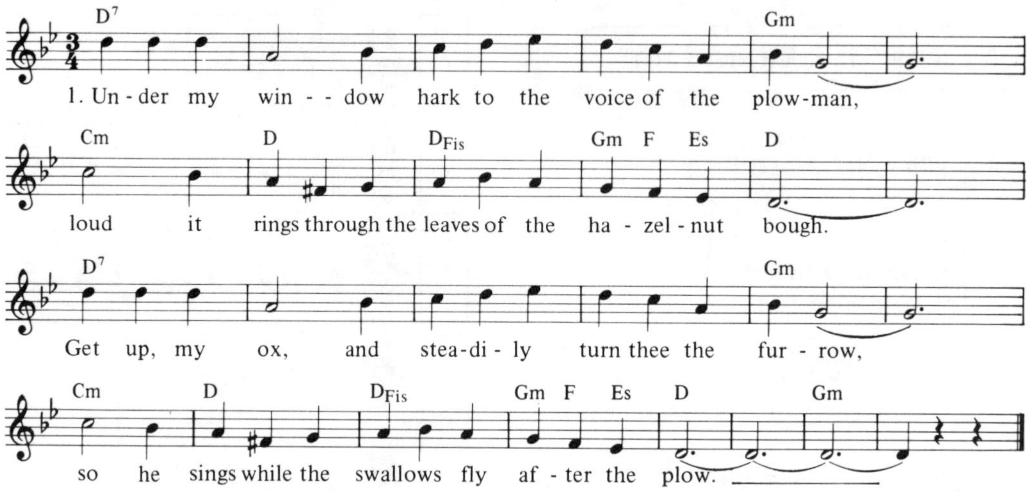

2. Season by season on goes the work of the plowman,
through the spring and the autumn beneath the blue sky.
Get up, my ox, and steadily turn thee the furrow,
dumbly trudges the ox without wondering why.

(to hark = horchen / plowman = pflügender Bauer / hazelnut bough = Haselnußzweig / furrow = Furche / dumbly = stumm / to trudge = sich dahinschleppen / to wonder why = sich fragen warum)

Trad. aus den USA.

Spanischer Text:
Desde la mi ventana te he visto arando
con el bué golondrino y‿el avellano.
„Arre, bué, arre, vaca; tente, romero."
Esta‿es la tonadilla de los bueyeros.

Begleitsatz

Schlaginstrument
(Kastagnetten/Claves):

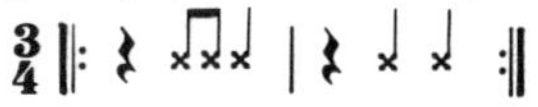

Arbeitsvorschläge
Die Schüler erhalten den Notentext *ohne* Taktstriche und Taktangabe. Die Melodie wird vorgespielt, und die Schüler lesen mit. Zunächst werden nur Abschnitte vorgespielt, die die Schüler durch Angabe der entsprechenden Textstelle benennen.

Die Melodie wird erneut vorgespielt, wobei die *betonten Schläge* deutlich hervorgehoben werden. Die Schüler werden aufgefordert, beim nächsten Hören immer auf dem schweren (betonten) Schlag mitzuklatschen.

Die betonten Schläge werden im Notentext bestimmt und durch ein Betonungszeichen (<) über der jeweiligen Note gekennzeichnet.
Welche Regel läßt sich feststellen? (Nach jeweils drei Vierteln folgt eine neue betonte Note; auf eine betonte Viertelnote folgen zwei unbetonte: → 3/4-Takt)

Nun werden Taktstriche gesetzt; der Taktstrich ersetzt das Betonungszeichen; der erste Schlag hinter dem Taktstrich soll immer betont sein, also muß im Notentext *vor* jeden mit einem Betonungszeichen versehenen Ton ein Taktstrich gesetzt werden. Außerdem wird die Taktangabe (3/4) an den Anfang des Notentextes gesetzt.

Die langen Töne an den Phrasenenden stellen ein Problem dar, da sie länger als einen Takt dauern. Jetzt wird deutlich, warum sie aus zwei oder drei Noten zusammengesetzt und mit Haltebögen versehen notiert werden müssen (Ligatur).

Das Lied wird gesungen, ein Schüler zeigt dabei am Tageslichtprojektor jeweils die „1" im Notentext mit. Einige Schüler spielen die „1" auf Schlaginstrumenten mit, klatschen sie oder flüstern „Eins!" an den entsprechenden Stellen.

Erweiterungsmöglichkeiten:
a) Unter dem Notentext werden die *Zählzeiten* eingetragen, hier ein Vorschlag dazu: Die Zählzeiten werden mit verschieden großen Ziffern benannt.

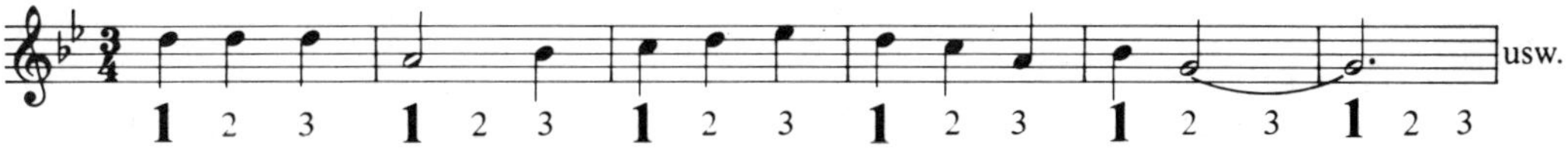

Damit läßt sich die Dauer der langen Töne an den Phrasenenden noch leichter bestimmen, man kann sie an den Zählzeiten ablesen.

b) Zum gesungenen Lied wird der Begleitsatz gespielt, der im wesentlichen ganztaktige und somit auf der „1“ anzuschlagende Akkorde enthält, während der Begleitrhythmus die „1“ gerade meidet. Die fehlende „1“ kann durch eine *Ersatzgeste* (z.B. einen Schlag in die Luft) markiert werden, um ungenaues Spielen oder zu frühes Einsetzen zu vermeiden.

Tic e tic e toc

Takt/Rhythmus

Italienisches Liebeslied; es erzählt von der Liebe eines Mädchens zu einem Mohrenknaben; dieser muß sie verlassen, sie aber weiß sich seiner ganz sicher.
Das Lied bezieht seinen Schwung aus dem häufig wiederkehrenden rhythmischen Anfangsmotiv und dem rhythmischen Grundmuster:

Es handelt sich hier um eine „villanella“, ein bäuerliches Tanzlied.

2. Tic e tic e toc, mio bel moretto,
tic e tic e toc, quanto sei caro,
ti sovvien del giorno amaro,
che da me t'allontanò.

3. Tic e tic e toc, mio bel moretto,
tic e tic e toc, ascolta bene,
cesseranno le mie pene,
quando al sen ti stringerò.

2. Tic e tic e toc, mein Mohrenknabe,
tic e tic e toc, wie lieb bist du mir,
denk oft an den Tag, den bitt'ren, da wir
uns trennen mußten für so lange Zeit.

3. Tic e tic e toc, mein Mohrenknabe,
tic e tic e toc, hör zu, was ich sage,
irgendwann da sind vorbei Sorg' und Plage,
wenn ich wieder dich drück' an mein Herz.

(Aussprache: sei: se-i / giorno: dschorno / cesserano: tschesseranno / stringerò: strindschero)
Aus Italien. Deutscher Text: Susanne und Christiane Wittig/Wolfgang Koperski.

Arbeitsvorschläge

Der Lehrer schlägt einen gleichmäßigen Pulsschlag, das heißt: alle Schläge sind gleichartig, keiner wird hervorgehoben. Die Schüler klatschen leise mit.
Wenn alle gemeinsam und gleichmäßig schlagen, beginnt der Lehrer, einzelne Schläge zu betonen, die Schüler nehmen diese Betonungen auf. Sobald wieder alle gleichmäßig schlagen und die Betonungen übereinstimmen, verändert der Lehrer die Betonung, und so ständig fort.
Wichtig ist, daß die Betonungen sich in gleichem Abstand wiederholen, daß also ein Takt hörbar wird. Der Lehrer sollte auch „exotische" Taktarten – 7er-, 11er- oder 9er-Takt – schlagen. Stets muß den Schülern genügend Zeit gelassen werden, sich einzuhören und auf die neue Taktart einzustellen. Das gleichmäßige Schlagen wird dabei niemals unterbrochen – auch nicht vom Lehrer! –, damit die *musikalische* Kommunikation nicht gestört wird. Eine solche Übung dauert etwa 2 bis 3 Minuten.

Neben dem Klatschen werden noch andere *Klanggesten* benutzt:
– Stampfen mit dem (rechten) Fuß: *stomp*
– mit den Händen auf die Oberschenkel schlagen: *patch*
– in die Hände klatschen: *clap*
– mit den Fingern schnippen: *snap*
(Die englischen Begriffe stammen aus der Sprache der Schlagzeuger und sollen im folgenden weiter verwendet werden. Als musikalische Fachausdrücke sind sie auch im Unterricht zu empfehlen, da ältere Schüler auf interessante – sprich: englische Namen hellhöriger und zugänglicher reagieren als auf deutsches „Stampfen", „Patschen" usw.)
Wieder steht am Anfang der Pulsschlag, z.B. abwechselnd mit der linken und der rechten Hand auf die Oberschenkel geschlagen (patch). Dann werden die unterschiedlichsten Taktarten musiziert, wobei nach und nach die anderen Klanggesten mit einbezogen werden. An dieser Stelle kann der Lehrer seine Leitungsfunktion auch gut an einen Schüler abgeben.

Dann wird die gleiche Übung gespielt, jedoch im 3er-Takt, z.B.:

‖: ♩	♩	♩ :‖	
‖: patch	patch	clap :‖	
‖: patch	clap	clap :‖	Jede Variante wird so lange wiederholt,
‖: patch	clap	snap :‖	bis alle Schüler gleichmäßig schlagen!
‖: stomp	clap	clap :‖	
‖: stomp	patch	clap :‖	

Die Schüler können selbst noch andere Klanggesten erfinden; auch kurze stimmliche Äußerungen – eine Silbe, ein Ausruf – passen hierher.

Ein weiterer Schritt: einzelne Klanggesten werden zusätzlich – oder stattdessen – auf einem Instrument geschlagen. Auch hierbei bleibt das gleichmäßige Weiterschlagen als Stütze für den oder die Instrumentalisten unentbehrlich.
Wenn nicht für jeden ein Instrument zur Verfügung steht, sollen die Spieler einander möglichst oft abwechseln, d.h. ihr Instrument weitergeben und dann wieder in den „Chor“ der Klanggesten einfallen.

Einer der folgenden Rhythmen aus dem Lied wird mit zwei Fingern in die Handinnenfläche getippt:

Die unterlegten Textsilben aus dem Lied dienen als Stütze.

Wenn alle den Rhythmus beherrschen, wird zunächst wieder der Pulsschlag musiziert (patch, abwechselnd links und rechts), dann der 3er-Takt als Folge von patch (beide Hände), clap und snap. Auf ein Zeichen hin „steigt ein Spieler aus“, d.h. er schlägt nicht mehr den Takt mit, sondern schlägt den vereinbarten *Rhythmus* (zwei Finger in die Handinnenfläche). Nach und nach machen es die anderen Spieler genauso, bis schließlich alle nur noch den Rhythmus schlagen. Der Effekt: zunächst ist der Rhythmus kaum hörbar, wird vom Takt übertönt, nach und nach wird der Rhythmus deutlicher hörbar, dominiert schließlich und verdrängt den Takt dann ganz. Es ist auch reizvoll, wenn einige Instrumente den Rhythmus mitschlagen.

Aus den genannten Übungen können die Schüler eine einfache rhythmische Begleitung für das Lied entwickeln.

I Saw the Light

Rhythmische Motive

Hank Williams (1923–1953), der dieses Lied geschrieben hat, war gegen Ende der 40er und Anfang der 50er Jahre ein gefeierter Hillbilly-Star in den USA. Viele seiner Lieder sind später von Pop- und Rockmusikern neu interpretiert worden, z. B. „Jambalaya" oder „Honky Tonk Blues". „I Saw the Light" erschien 1948 und gehört zu den vielen religiös geprägten Liedern, die Williams schrieb.[1]

2. Just like a blind man I wandered along,
   worries and fears I claimed for my own.
   Then like the blind man that God gave back his sight,
   praise the Lord, I saw the light!
   I saw the light, ...

3. I was a fool to wander and stray,
   straight is the gate and narrow the way.
   Now I have traded the wrong for the right.
   Praise the Lord, I saw the light.
   I saw the light, ...

1 Vgl. Siniveer, Kaarel: Folk Lexikon, Reinbek 1981, S. 279 f.

Arbeitsvorschläge

Das zentrale rhythmische Motiv, das sich durch das ganze Lied zieht, ergibt sich aus dem Sprechrhythmus des Titels:

Es wird gelegentlich leicht variiert, bleibt aber durch die Synkope immer deutlich gegenwärtig und ist ein wesentliches Element, das den „drive" des Liedes ausmacht.

Der Lehrer spricht vor, die Schüler sprechen nach, ohne daß das Metrum unterbrochen wird:

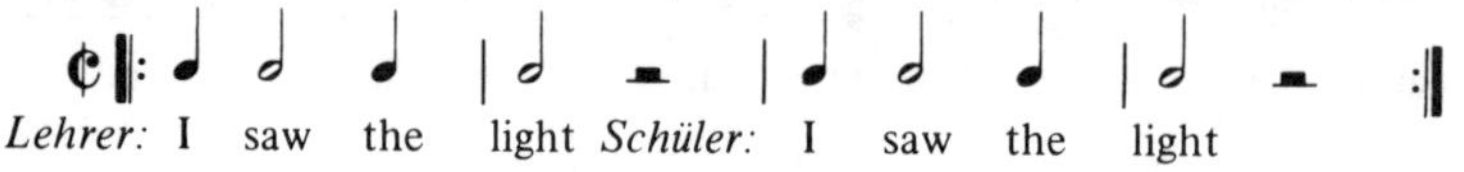

Dazu tritt ein Klatscher auf der „1"; er hilft, im Takt zu bleiben, und unterstützt die richtige Textbetonung.
Analog wird mit anderen Textteilen verfahren:

Verschiedene Textteile werden in bunter Folge gesprochen, eventuell übernimmt ein Schüler die Rolle des Vorsprechers, z. B.:

Variante:

Neben der „1" wird nun auch die „2" durch eine Klanggeste (Schnippen, snap) markiert. Dazu werden Textteile aus verschiedenen Strophen gesprochen und dabei größere Einheiten gebildet, z. B.:

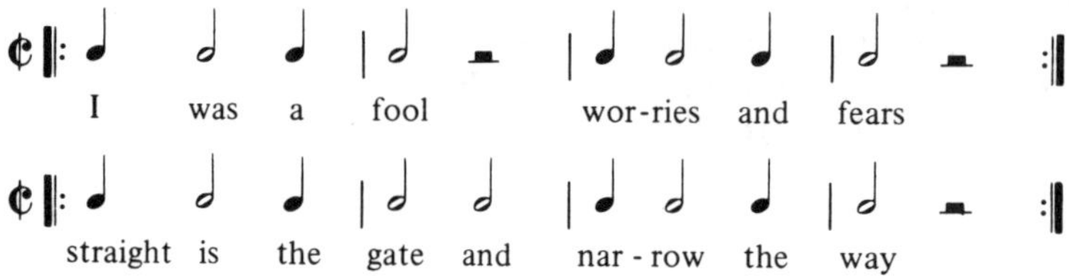

Diese werden als „Kette" durch die Klasse gegeben, d. h. alle Schüler klatschen bzw. schnippen das Metrum (clap auf der „1", snap auf der „2"), ein Schüler spricht dazu den Textabschnitt; wenn er geendet hat, macht der nächste sofort im metrischen Fluß weiter.

Reizvoll ist ebenfalls, wenn dabei zwei verschiedene Textteile abwechselnd gesprochen werden, z. B.:

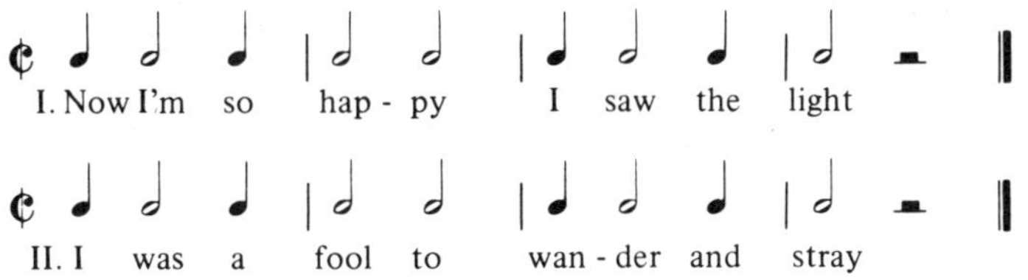

Die vorstehende Übung kann auch durch *Gruppen* realisiert werden, die einander abwechseln. So können beispielsweise sechs Gruppen gebildet werden, eine musiziert den Takt, die anderen fünf sprechen jeweils verschiedene Textteile. Ein „Dirigent" zählt zwei Takte vor, gibt dann den Einsatz für den Takt, der von da an „durchläuft". Durch Zeigen auf die jeweilige Gruppe bestimmt der „Dirigent", welcher Textteil erklingen soll. Gute Dirigenten können auch Pausen von zwei oder mehr Takten einbauen, Gruppen gleichzeitig oder im Kanon sprechen lassen usw.

Und noch eine *Variante*: Textteile und das jeweilige rhythmische Motiv stehen an der Tafel. Eine Gruppe – oder die ganze Klasse – musiziert den Takt, ein Dirigent zeigt auf den jeweils zu sprechenden Teil, den die ganze Klasse dann spricht.
Eine Frage bleibt dann noch zu klären: Wie hört ein solches „Stück" auf? – Hier ein *Vorschlag*: Takt weiterlaufen lassen, einem Schüler nach dem anderen abwinken, bis niemand mehr spielt – das wirkt fast so gut wie der entsprechende Kunstgriff in Haydns Abschiedssinfonie.

Eine Extraübung sollte für das Motiv „Praise the Lord" durchgeführt werden:
Auch diesmal hilft der ständig durchgeschlagene Takt, er stützt einerseits, macht andererseits bestimmte rhythmische Besonderheiten erst deutlich erfahrbar. Wieder soll im Wechsel zwischen Vorsprecher und ganzer Gruppe gearbeitet werden. Besonders wichtig:
a) der Übergang vom stimmhaften s (z) in das stimmhafte th (ð) durch Vorschieben der Zungenspitze;
b) eine sehr kleine, aber deutlich spürbare *Zäsur* vor „the Lord", die den auftaktigen Charakter des Motivs deutlich macht.
Schrittweise wird dann die rhythmische Gestalt, wie sie im Lied auftritt, erarbeitet:

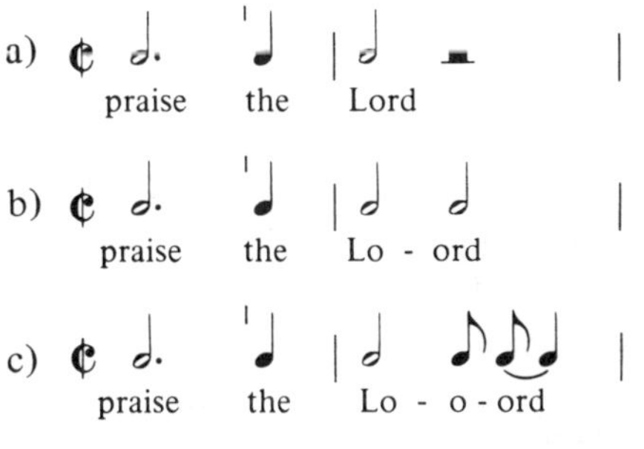

Für alle diese Übungen gilt: sie sollten zügig durchgeführt werden, niemals darf zu lange an einem Punkt „gefeilt" werden. Mögliche Fehler werden bei flüssigem, variantenreichem Üben von selbst verschwinden. Der Lehrer sollte sich zudem nach und nach immer stärker aus seiner Leitungsfunktion zurückziehen und das Feld einzelnen Schülern überlassen.

Flaming Star

Takt/Rhythmus: Sprechstück

Titelsong eines gleichnamigen Elvis-Presley-Films von 1961. Sein Text spiegelt das Klischee vom einsamen Cowboy wider, den eines Tages der Tod als unausweichliches Schicksal ereilen wird. Und diesen kündigt ihm sein „flaming star" an, den er noch um etwas Zeit bittet, denn „there's a lot o' living I gotta do".

2. When I ride, I feel that flaming star,
   that flaming star over my shoulder;
   and so I ride in front of that flaming star,
   never looking around, never looking around.

3. One fine day I'll see that flaming star,
   that flaming star over my shoulder;
   and when I see that ol' flaming star,
   I'll know my time, my time has come.

Arbeitsvorschläge
Wenn, wie im vorliegenden Fall, die Textaussage es zuläßt, macht es Spaß, den Text zu verfremden, mit ihm zu spielen. Eine Möglichkeit ist das *Kanonsprechen.* Hierbei ergeben sich auch stimmbildnerische „Nebeneffekte“.

Die Schüler *flüstern* ein ostinates *rhythmisches Motiv*:

Das Motiv wandert durch die Reihen, wird mal lauter, mal leiser, aber immer perkussiv flüsternd gesprochen.
Dazu wird mit Klanggesten das Metrum musiziert:

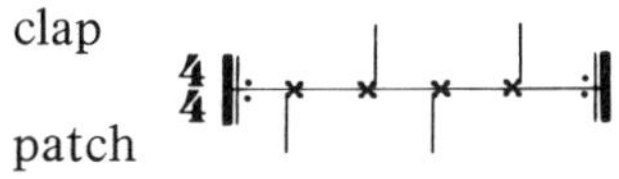

Ostinato und Metrum ergeben eine Begleitung, zu der der Text der 1. Strophe im Liedrhythmus gesprochen wird, die Lautstärke bleibt eher verhalten.

In einem zweiten Durchgang wird der Liedtext von zwei Gruppen im Kanon gesprochen, der Einsatzabstand beträgt genau einen Takt. Halbe Noten werden dabei stets zu Vierteln verkürzt und die fehlenden Zählzeiten durch Pausen ersetzt. Auch der Sprechkanon wird von Ostinato und Metrum begleitet.

Varianten:
a) Die Schüler experimentieren mit dem Einsatzabstand: wie klingt es, wenn er zwei Takte oder nur einen halben Takt beträgt?
b) Ein weiteres Experiment: dreistimmiger Kanon! Wie müssen die Einsatzabstände gewählt werden?
c) Ostinato, Takt und Sprechkanon erklingen; gleichzeitig mit der 1. Kanonstimme wird die Melodie leise gesummt oder gepfiffen.

Es gibt kein schöner's Leben

Lautstärke

Fuhrmannslied aus dem Kreis Brzeziny in Mittelpolen, auch in Westfalen und anderen deutschen Landschaften verbreitet. Das Lied ist dreiteilig (A B B'), im A-Teil ist der Tonika-Dreiklang (f – a – c) melodischer Hauptbestandteil, in den folgenden Teilen ein sequenziertes Terzmotiv.

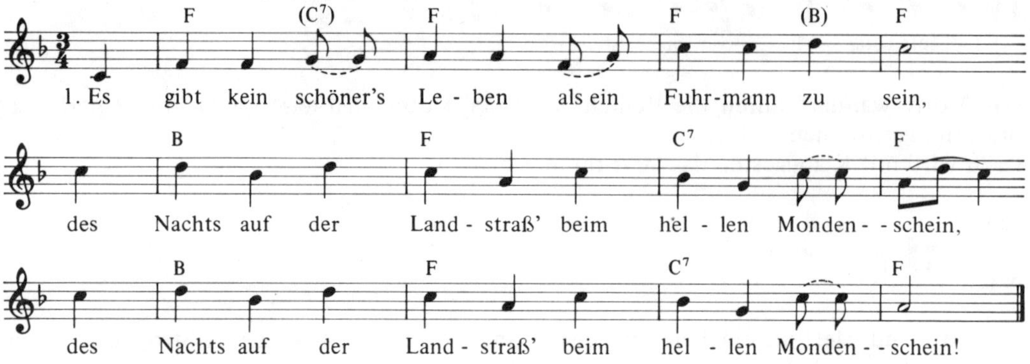

2. Des Morgens in aller Frühe,
da weckt ihn sein Herr:
|: „Steh auf, du stolzer Fuhrmann,
steh auf und schirr' dein Pferd!" :|

3. Jetzt bin ich gefahren
die Dorfstraß' entlang;
|: sieh, da kam ein stolzes Mägdlein:
„Stolzer Fuhrmann, halt an!" :|

4. „Ich kann nicht anhalten,
meine Last ist zu schwer.
|: Meine Rößlein sind müde
und der Habersack leer." :|

5. Dennoch gibt es kein schöner's Leben
als ein Fuhrmann zu sein,
|: des Nachts auf der Landstraß'
beim hellen Mondenschein. :|

Aus Mittelpolen.

Arbeitsvorschläge

Die folgenden Übungen gehen vom *Sprechen* des Textes aus, sie können zum überwiegenden Teil auch *gesungen* ausgeführt werden. Anstelle der italienischen Lautstärkebezeichnungen können auch die deutschen Begriffe verwendet werden. Ich halte es aber für ratsam, sie bald durch die italienischen Fachausdrücke zu ersetzen. Dazu sollte man für eine gewisse Zeit beide Sprechweisen nebeneinander benutzen, bis der Umgang mit den Fachausdrücken quasi „en passant" zur Selbstverständlichkeit geworden ist.

Der Text der 1. Strophe wird im Rhythmus des Liedes gesprochen, und zwar in „normaler" Sprechlautstärke (mezzoforte).
Bei einem zweiten Durchgang wird die Lautstärke allmählich bis zum Fortissimo gesteigert, der Höhepunkt sollte etwa im 7./8. Takt beim Wort „Mondenschein" liegen. Dann wird die Lautstärke wieder bis zum Mezzoforte zurückgenommen. Diese „Spielregel" ist besonders wichtig, da bei einem Steigern mit der maximalen Lautstärke am Schluß die Versuchung für die Schüler wohl doch zu groß wäre, nur noch zu schreien, statt bewußt zu sprechen.

Wieder wird der Text der ersten oder einer anderen Strophe gesprochen, Ausgangslautstärke: mezzoforte. Diesmal soll die Lautstärke allmählich verringert werden, so daß am Ende der Strophe ein Pianissimo erreicht ist. Unmittelbar folgend wird die Strophe wiederholt, wobei die Lautstärke noch weiter zurückgenommen wird, bis nur noch die Lippen bewegt werden. Trotzdem wird noch viel zu hören sein! Es ist fast unmöglich, deutlich zu sprechen, ohne daß nicht mindestens die Konsonanten, insbesondere die Verschlußlaute, zu hören sind. Alle Bewegungen der Lippen, der Zunge und der anderen am Sprechen beteiligten Teile verursachen leise Geräusche, die dem Sprecher bei dieser Übung sehr deutlich vor Ohren führen, wie Laute gebildet werden.
Als metrische Stütze empfiehlt es sich, zusätzlich den Liedrhythmus mit zwei Fingern der einen in die Innenfläche der anderen Hand zu tippen. Diese Art des Mitschlagens ist sehr leise und unaufdringlich, auch wenn viele mitmachen. Zudem wird der Rhythmus durch den taktilen Reiz intensiv mit*gefühlt*.
Für die vorstehenden Übungen ist es nützlich, einen Dirigenten zu haben, damit alle gemeinsam agieren. Dies kann der Lehrer oder ein Schüler sein. Sein Dirigat sollte sinnfällig und deutlich sein. Hier ein Vorschlag: der Dirigent zeigt die jeweilige Lautstärke durch die Höhe an, in der er seine Dirigierhand hält, wobei Brusthöhe etwa gleichbedeutend mit mezzoforte sein könnte.

Der Text einer Strophe wird an die Tafel geschrieben, unter jeder Zeile bleibt Platz für weitere Eintragungen.
Unter dem Text werden Lautstärkebezeichnungen notiert, die der jeweiligen Textaussage entsprechen sollen. Beispiel für die 2. Strophe:

Des Morgens in aller Frühe, da weckt ihn sein Herr:
p < *mf* *sfz* *sfz*

„Steh auf, du stolzer Fuhrmann, steh auf und schirr' dein Pferd!
mf < *f* <

Steh auf, du stolzer Fuhrmann, steh auf und schirr' dein Pferd!"
f *f* > *mf*

Die Zuordnung der dynamischen Zeichen sollte durch die Schüler erfolgen und von ihnen vom Text her begründet werden. Der Lehrer kann sich hierbei wieder mehr zurückziehen und das Feld den Schülern überlassen.
Zum Schluß wird das entstandene Tafelbild „abmusiziert" (gesprochen oder gesungen), wobei ein Dirigent an der Tafel mitzeigt.
Eine Variante: die Schüler erfinden einen Lautstärkeverlauf, der dem Text und seiner Aussage völlig zuwiderläuft.

Drei Gruppen werden gebildet. Die erste erhält den Auftrag, den Text zu sprechen, wobei die „1" in jedem Takt laut gesprochen, die „2" und „3" ganz leise geflüstert werden sollen:

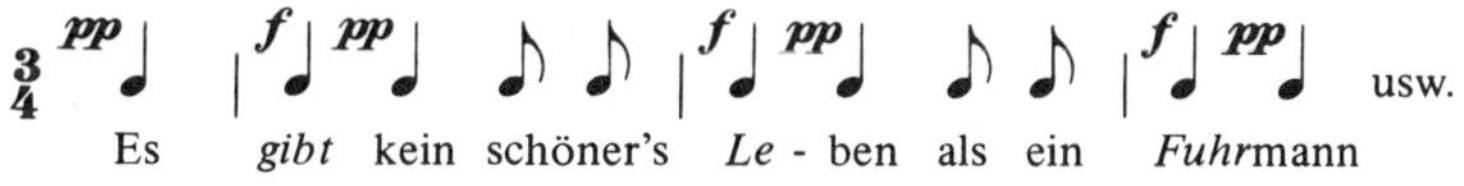

Gruppe zwei spricht die 2. Zählzeit bzw. die auf sie entfallenden Silben laut, die Zählzeiten „1" und „3" werden geflüstert, Gruppe drei hebt in analoger Weise die 3. Zählzeit hervor.

Zunächst spricht jede Gruppe einmal für sich allein, sicher muß auch erst einmal in einem Winkel des Musikraums geübt werden. Und dann sprechen alle drei Gruppen gleichzeitig. Für den Hörer entsteht der Eindruck, als wandere der Text von Gruppe zu Gruppe – fast so etwas wie Stereophonie! Im vierten und im letzten Takt muß übrigens noch eine Verabredung für die zweite Gruppe getroffen werden: wegen der Halben Noten muß die Gruppe an diesen Stellen eine „Pause" einlegen, d.h. den Text flüstern und nicht die zweite Zählzeit hervorheben.
Zur Verdeutlichung hier der Anfang einer solchen Übung in Partitur; der Text stammt aus der 4. Strophe:

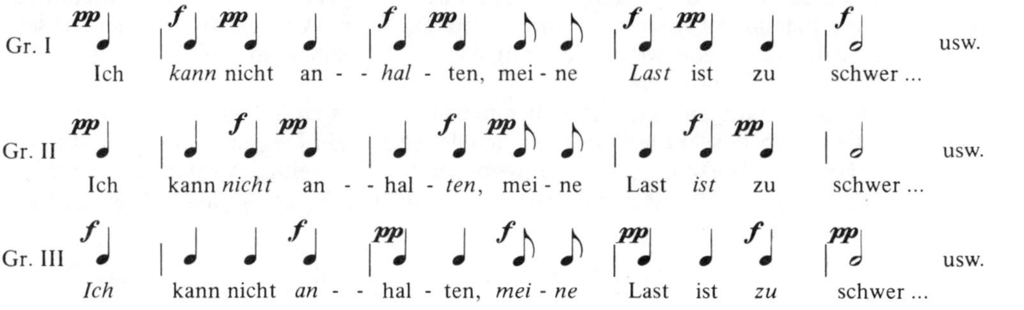

Und noch eine Variante: die hervorgehobene Zählzeit kann zusätzlich durch einen Schlag auf einem beliebigen Schlaginstrument markiert werden.

Hinweis: Die letztgenannte Übung läßt sich gut mit dem Thema „Takt" verbinden (S. 18ff.).

Wohlan, die Zeit ist kommen

Tempo

Volkslied aus Franken, auch in einer anderen Melodiefassung verbreitet.[1] Die vorliegende Version unterstreicht besonders den spöttischen Charakter des Textes. Bei dem Ich-Erzähler könnte es sich um einen Handwerksburschen handeln, der seine Lehr- und Wanderjahre beginnt.
Musikalisch wird das Lied durch den gleichförmigen rhythmischen Verlauf (Traben des Pferdes?) und die Dreiklangsmelodik geprägt.

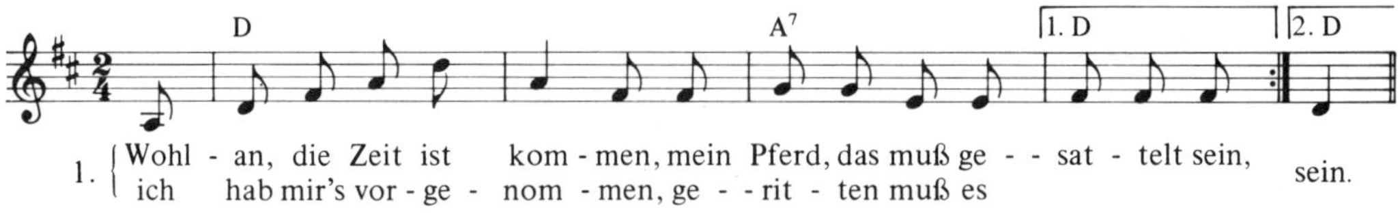

1 Vgl. z.B. Ernst Klusen (Hg.): Deutsche Lieder, Frankfurt/M. 1980, S. 127.

2. In meines Vaters Garten, da stehn viel schöne Blum, ja Blum.
   Drei Jahr muß ich noch warten, drei Jahr sind bald herum.
   Geh du nur hin, ich hab mein Teil ...

3. Du glaubst, du wärst die Schönste wohl auf der ganzen Welt, ja Welt,
   und auch die Angenehmste, ist aber weit gefehlt.

4. Jetzt setz ich mich aufs Pferdchen und trink ein Gläschen kühlen Wein
   und schwör bei meinem Bärtchen, dir ewig treu zu sein.

Text: nach des Knaben Wunderhorn, 1806/1808, Melodie: aus Franken, 18. Jh.

Arbeitsvorschläge

Die folgenden Übungen können wieder sowohl gesprochen als auch gesungen ausgeführt werden; wenn man die Melodie *vorerst* außer acht läßt, kann man sich jedoch besser auf den Aspekt „Tempo" konzentrieren.

Der Text der ersten oder einer anderen Strophe wird zunächst in mäßigem Tempo und normaler Lautstärke gesprochen.
Anschließend werden verschiedene Tempi erprobt, wobei man mit langsameren Tempi beginnen sollte, damit der Text erst einmal etwas vertrauter wird.
Zur Bezeichnung der Tempi sollen zunächst deutsche Begriffe verwendet werden, die allmählich durch die entsprechenden italienischen Fachausdrücke abgelöst werden (vgl. auch S. 28).

Dann wird jede Textzeile in einem anderen Tempo gesprochen, die Reihenfolge der Tempi wird vorher verabredet und an der Tafel notiert. Metronomangaben halte ich hierbei noch nicht für angebracht, da es kaum möglich ist, sich von einem Augenblick zum nächsten ganz genau auf ein neues Tempo einzustellen.

Accelerando und ritardando werden miteinbezogen. Dazu wird ein *Verlaufsplan* erstellt, d.h. unter dem Text werden die Tempobezeichnungen notiert. Der Lehrer oder ein Schüler zeigt bei der Realisation an der Tafel mit.

Für jede Strophe wird ein anderer Tempoverlauf verabredet. Im Refrain wird jedesmal so langsam wie möglich begonnen und das Tempo dann allmählich immer mehr gesteigert. Die Schüler erproben, wie weit diese Steigerung gehen kann. Irgendwann ist eine Grenze der Sprechfähigkeit und der Verständlichkeit erreicht!
Vielleicht fällt den Schülern auf, daß sie um so lauter werden, je schneller sie sprechen. Es ist schwierig, dies einmal bewußt anders herum zu tun, also um so leiser, je schneller man spricht.

Ein wichtiges Hilfsmittel für den Musiker ist das *Metronom*. Die Schüler stellen verschiedene Tempi ein, übersetzen die auf dem Pendel stehenden Fachausdrücke und versuchen, mit dem Metronom zu klatschen. Die Schüler werden feststellen, daß das nicht einfach ist, in der Regel klatschen sie zu *schnell*.

Die Schüler einigen sich auf ein bestimmtes Tempo, bestimmen, welcher Notenwert im Notentext einem Metronomschlag entsprechen soll (z. B. MM ♩= 104 bzw. MM ♪= 208), und versuchen, nach Metronom den Text zu sprechen. Wenn man sich *vornimmt*, beim Sprechen *ein kleines bißchen langsamer* zu werden, hält man meist das verabredete Tempo besser ein.

Sicher tauchen noch Fragen auf:

a) Welche Metronomeinstellung ist für das Sprechen günstiger, MM ♩ = 104 oder MM ♪ = 208? Die Schüler probieren es aus.
(Die erste Einstellung ist günstiger, die zweite erschwert den Vorgang, einerseits das Metrum aufzunehmen und daran andererseits das Sprechtempo ständig vergleichend zu messen und zu korrigieren.)

b) Was bedeutet die Schreibweise MM ♩ = 104?
(MM = Metronom Mälzel, nach seinem Erfinder Johann Nepomuk Mälzel [1772–1838], der 1816 seine Verbesserung einer Konstruktion von E. Loulié in Paris zum Patent anmeldete; die Skala auf dem Pendel reicht von 40 bis 208 Schlägen pro Minute.)

c) Was ist eigentlich ein „normales“ Tempo?
(Die Schüler versuchen selbst, in „normalem Tempo“ zu klatschen. Nachdem sie sich auf ein Tempo geeinigt haben, versucht ein Schüler, während des Klatschens das Metronom entsprechend einzustellen. Wahrscheinlich wird das Ergebnis bei 60 bis 80 Schlägen pro Minute liegen, dies entspricht etwa der normalen Pulsfrequenz des Menschen.)

Early One Morning

Klangerwartung

Alte englische Ballade; ihre Melodie wird von gebrochenen Akkorden und dem Skalengang am Ende bestimmt.

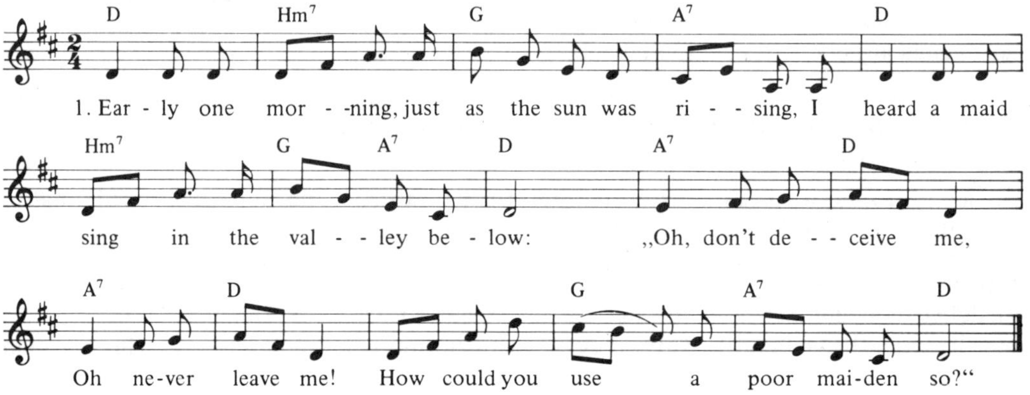

2. Remember the vows that you made to your Mary,
remember the bow'r where you vowed to be true.
Oh, don't deceive me ...

3. Oh, gay is the garland, and fresh are the roses
I've culled from the garden to bind to your brow.

4. Thus sang the poor maiden, her sorrows bewailing,
thus sang the poor maid in the valley below.

(vow = Gelöbnis / bow'r = bower = Laube / garland = Girlande / to bewail = beklagen)

Trad. aus England.

Begleitsatz

Stabspiele

Schlaginstrumente a) b)

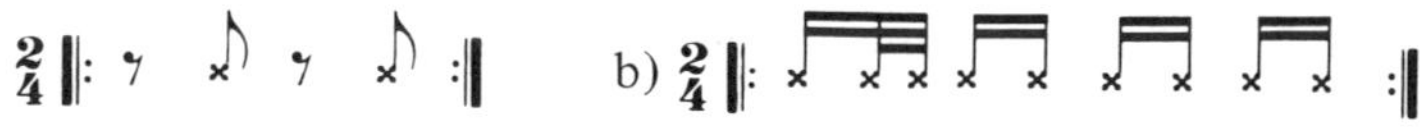

Arbeitsvorschläge
Zwei Dinge werden mit den folgenden Übungen angestrebt:

1. Die Schüler sollen aus ihrem Vorwissen und ihren Fähigkeiten und Fertigkeiten heraus eine musikalische Vorstellung davon entwickeln, wie eine zu einem gegebenen Text passende Melodie beschaffen sein könnte. Damit verbinden sich die meist isoliert behandelten Inhalte aus dem Bereich der musikalischen Elementarlehre zu einem Ganzen.
2. Die Schüler sollen sich darin üben, musikalische Sachverhalte und Vorstellungen zu verbalisieren. Sie sollen ihre „Entwürfe" einer passenden Melodie, die damit verbundenen Empfindungen und Erwartungen sprachlich ausdrücken und anderen mitteilen können.

Die Schüler bekommen den Text des Liedes „Early One Morning" (*ohne* Noten), er wird gelesen, übersetzt, unbekannte Vokabeln werden geklärt.
Wer könnte das Lied singen? Wovon handelt es? Welche Stimmung vermittelt der Text?
(Ein Erzähler berichtet, daß er ein Mädchen hat singen hören. Das Mädchen bittet den – abwesenden ? – Geliebten, sie nicht zu verlassen. Die Stimmung ist ein bißchen wehmütig.)

Wie könnte eine zu diesem Text passende Melodie beschaffen sein? Welche Eigenschaften müßte sie haben?
Als *Orientierungshilfe* könnte das folgende Schaubild an der Tafel dienen:

Text
Aussage/Stimmung/
Charakter

↓

Melodie

Tongeschlecht	*Form/Gestalt*	*Tempo*	*Takt/Rhythmus*
Dur/Moll/ andere Skalen	Umfang/Verlauf/ Wiederholungen usw.		Taktart/rhythmische Motive/ rhythmischer Verlauf

Die Schüler erarbeiten in Gruppen ihre Vorstellungen, tragen die Ergebnisse vor und begründen sie aus dem Text heraus.
Alle Vorstellungen werden an der Tafel festgehalten.
Fortgeschrittenere Schüler könnten in ihren Gruppen versuchen, selbst eine Melodie zu erfinden, sie an einem Stabspiel zu erproben und ggf. sogar zu notieren. Eine gute Fassung sollte man singen lassen.
Die Schüler erhalten den Notentext des Liedes. Noch ohne daß das Lied gesungen wird, vergleichen sie, welche ihrer Vorstellungen auf die vorliegende Melodie zutreffen und welche nicht. Hierbei können nur die Dinge angesprochen werden, zu denen der Notentext als Information ausreicht.

Schließlich wird das Lied gesungen, der Vergleich mit den Klangerwartungen und Vorstellungen der Schüler bzw. mit ihren eigenen Melodieentwürfen wird vervollständigt.
Wahrscheinlich finden die Schüler ihre eigenen Vorstellungen von einer passenden Melodie bzw. ihre Eigenkomposition „besser" als die Originalmelodie. Dies sollte man m.E. gelten lassen und nur darauf hinweisen, daß es eben verschiedene Möglichkeiten gibt, wie es ja auch verschiedene Arbeitsergebnisse der einzelnen Schülergruppen gegeben haben wird.

Erweiterungsmöglichkeit:
Das Lied wird gesungen und dazu der Begleitsatz musiziert. Die beiden angegebenen Begleitrhythmen sollen dazu beitragen, daß das Stück etwas „moderner" und „leichter" klingt. Die Rhythmen sollten aber dezent gespielt werden, um den Grundcharakter des Liedes nicht zu verfälschen.

2.2. Stimmbildung

Arbeit am Lied kann auch einen Beitrag zur Stimmbildung beinhalten. Dabei ist sicher zu beachten, daß im Klassenunterricht die Ziele nicht zu hoch angesetzt werden dürfen. Zu puristische Ambitionen des Lehrers sind oft zum Scheitern verurteilt, erreichen allenfalls wenige begabte und besonders motivierte Schüler. Im Schulchor ist die Situation eine ganz andere: stimmbildnerische Übungen sind hier notwendige Voraussetzung zur Erfüllung der mit dem Begriff Chor verbundenen Aufgabenstellung.
Die folgenden Vorschläge beziehen sich in erster Linie auf die Arbeit in der Klasse. Sie sind meiner Erfahrung nach günstige Möglichkeiten, um das Singen der Schüler nach und nach qualitativ zu verbessern. Immer wieder steht dabei die Bildhaftigkeit der Hilfen, die der Lehrer gibt, im Vordergrund. Bilder, Vergleiche, Szenerien, die die Phantasie der Schüler anregen, Gesten, kleine Geschichten u.a.m. sollen helfen, die Stimme, die man ja weder betrachten noch – im Wortsinne – „be-greifen" kann, zu schulen. Hierbei geht es nicht darum, den Schülern „ihre" Singeweise, die sie von zuhause mitbringen oder die sie den Schlager- und Popstars abgelauscht haben, abzugewöhnen und durch die „richtige" Art des Singens zu ersetzen. Sie sollen aber lernen, für die Stimme schädliche Fehler zu vermeiden, sollen erfahren, daß man auch anders singen kann, daß es so oft besser klingt und daß diese Art zu singen für manche Lieder auch die angemessenere ist. Das Ziel ist also nicht Drill auf ein bestimmtes Klangideal hin, sondern Erweiterung der stimmlichen Möglichkeiten der Schüler.
Auf gesonderte Übungen zur Atemtechnik habe ich in diesem Zusammenhang bewußt verzichtet, dieser Bereich wird aber in den vorgeschlagenen stimmbildnerischen Übungen immanent mit angesprochen.
Wer sich eingehender mit dem Bereich der Stimmbildung anhand von Liedern befassen möchte, dem sei Adolf Rüdigers Schrift „Stimmbildung im Lied"[1] empfohlen.

Übersicht

Lied	*Aspekt*
Die Welt ist voll Musik	Stimmbildnerische Arbeit bei der Aneignung einer Melodie
Billy the Kid	Tonsilben – Stimmungen und Gefühle ausdrücken
Kommt mit zum Feste	„Orchestrieren"
Und alle Glocken klingen weit	Ein „Klangstück" gestalten

1 Adolf Rüdiger: Stimmbildung im Lied, Frankfurt/M. (Diesterweg) [6]1982.

Die Welt ist voll Musik

Stimmbildnerische Arbeit bei der Aneignung einer Melodie

Das Lied ist in England und den USA verbreitet. Die Melodie erhält durch die als Sprung oder in gebrochenen Dreiklängen auftretende Sexte einen weiten, strahlenden Charakter.

2. Die Welt ist voll Musik
mittags, wenn ein heller Schein,
ein Leuchten wie von Gold,
breitet sich auf Berg und Hain.
Tief im Schatten unser Haupt
wohlig liegt auf weichem Laub,
innig zieht durch uns das Glück,
und die Welt ist voll Musik.

3. Die Welt ist voll Musik
abends, wenn die Schatten fall'n,
wenn blaue Schleier sanft
durch das weite Tal hinwall'n.
In der Luft klingt Engelssang
wie ein Echo lang und lang,
Friede gibt uns das Geschick,
ja, die Welt ist voll Musik.

Trad. aus England und den USA. Deutscher Text: Kurt Pahlen, aus: So singt die Jugend der Welt, Schweizer Verlagshaus AG, Zürich.

Arbeitsvorschläge

Zur Erarbeitung der Meldodie wird eine Reihe von kurzen Phrasen auf *Tonsilben* gesungen. Die Phrasen sind an die Liedmelodie angelehnt bzw. aus ihr entnommen und führen sukzessive auf den Melodieverlauf hin. Durch die Verwendung stimmbildnerisch günstiger Silben werden Intonation, Artikulation und Lagenausgleich geübt, aber auch schwierige Intervalle (hier z.B. die Sextsprünge), die möglichst sauber getroffen und nicht „geschmiert" werden sollen.

Die folgenden Phrasen werden jeweils mehrmals und auf verschiedene Tonsilben – wenn sie „sitzen", auch auf Text – gesungen:

Stimmbildnerisch günstige Silben sind zum Beispiel:

na nu – offenes „a", runder Lippenring, Unterkiefer fällt; rundes weiches „u", vorn sitzend, runder Lippenring, „Kußmund", Klang geht „durch die Nasenwurzel"

noinoi – ebenfalls vorne sitzend, gespitzte Lippen, beim „o" fällt der Unterkiefer, „kauende" Bewegung

launa – „au" mit fallendem Kiefer, „kauend", „a" an das „au" angelehnt, „erstaunt"

nomo – Zunge und Lippen trennen die beiden „o" voneinander, die Zähne bleiben stets auseinandergehalten

dabadaba – vorn auf den Lippen sitzend, vorsichtig den Klängen, die die Lippen erzeugen, nachlauschend; fast nasal, „verschnupft"

Das Dirigat des Lehrers kann entscheidende Hilfen geben. Ein *Mitzeigen des Melodieverlaufs* in der Luft (Luftschrift)[1], wobei mit einer Hand der ungefähre Tonhöhenverlauf und die ungefähre Dauer der Töne angezeigt werden, hilft, Töne richtig zu treffen. Über die optische Wahrnehmung werden so vor allem größere Intervalle besser getroffen, dies um so mehr, wenn die Schüler selbst mitzeigen. Hierfür sollte der Lehrer geübt haben, den Verlauf spiegelverkehrt, also von rechts nach links fortschreitend zu zeigen, um die Schüler nicht zu verwirren. Am Ende einer Phrase muß die Hand wieder in die Ausgangsstellung zurückgeführt werden, damit ein Weiterzeigen möglich ist.

Wenn die Schüler größere Sprünge, Dreiklänge und Skalen in der Melodie singen können, ist zu empfehlen, daß der Lehrer in der *entgegengesetzten* Richtung zeigt. Wenn ein hoher Ton als tiefer gezeigt wird, färbt der Schüler ihn unbewußt wie einen tiefen Ton, nämlich dunkel. Umgekehrt wird ein tiefer Ton, hoch gezeigt, hell gefärbt (Lagenausgleich). Analog gilt für aufsteigende Akkorde oder Skalenabschnitte, daß durch das Abwärtszeigen suggeriert wird, die Melodie falle, so daß ein „Stemmen" höherer Töne vermieden wird und in der Regel der Tonumfang, in dem die Schüler mühelos singen können, erweitert werden kann. Aufwärts dirigierte fallende Linien werden so vor dem brustigen „geknödelten" Singen bewahrt.

1 Vgl. hierzu Eberhard Werdin: Musikalische Grundausbildung am Lied, Heft 20 der Beiträge zur Schulmusik (Hg.: Heinrich Drangmeister und Hermann Rauhe), Wolfenbüttel und Zürich, 1967, S. 11 f.

Für *hohe Spitzentöne* hat sich bewährt, daß man einen Sekundenbruchteil *vor* dem Ton mit dem Kopf nickt. Dies sollte zunächst ganz deutlich, später immer weiter abgeschwächt und schließlich nur noch in Gedanken geschehen. Der Sänger wird hierdurch „hinten weit“ und verkrampft sich nicht. Zusätzlich wird durch den Bewegungsimpuls des Nickens der Ton sozusagen herausgeschleudert.

Da die Stimme ein Instrument ist, das man nicht betrachten und an dem man nichts zeigen kann, spielen Vorstellungen und Bilder eine große Rolle. Für die Motive zum vorliegenden Lied eignen sich Vorstellungen und Vergleiche wie diese:

a) „Stelle dir vor, du stündest auf einer großen Wiese. Du kannst ganz weit in die Ferne sehen, es ist wunderschönes Wetter. Du reckst dich und räkelst dich (am besten tut man das auch, es lockert die gesamte Muskulatur!) und singst: ‚Die Welt ist voll Musik!‘“ (Vgl. S. 37, Phrasen e und g.)

b) „Stelle dir vor, du seiest ein Adler. Du sitzt auf einem Klippenfelsen, breitest deine Schwingen aus und erhebst dich in die Lüfte: ‚Harfensang liegt in der Luft!‘“(Vgl. S. 37, Phrasen h, i, k.)

Eine weitere Vorstellung hilft, den Lagenausgleich zu bewahren und ein allzu schwankendes, kitschig-rührseliges Singen des Liedes zu vermeiden:

c) „Stelle dir vor, du stündest an einem großen See; es ist fast windstill, in der Ferne am Horizont siehst du einen Ausflugsdampfer. Singe, wie der Dampfer fährt.“
Dabei führt der Lehrer (eventuell auch die Schüler) langsam die Hand auf stets gleicher Höhe von links nach rechts, um die gleichmäßige Fahrt des Dampfers zu verdeutlichen.

Billy the Kid

Tonsilben – Stimmungen und Gefühle ausdrücken

Cowboysong aus den USA. „Billy the Kid (Henry McCarthy alias William Bonney alias William Wright, 1859–1881), Desperado und Killer, wurde 1880 des mehrfachen Mordes für schuldig befunden. Er tötete seine Wächter und konnte aus dem Gefängnis flüchten. Aufgespürt und erschossen von seinem ehemaligen Freund Pat Garrett, erlangte er unsterbliche Berühmtheit als einer der ‚schlimmsten Killer des Westens'."[1]
Die amerikanischen Cowboys sangen viel und gern, nicht zuletzt, um die Angst zu vertreiben, wenn sie einsam und allein bei ihrer Herde Wache hielten. Interessanterweise steht die Mehrzahl aller Cowboylieder im 3/4-Takt und in Dur. Die Taktart soll möglicherweise den langsamen Pferdegang imitieren. Für die Bevorzugung von Dur-Melodien gibt es keine schlüssige Erklärung.[2]

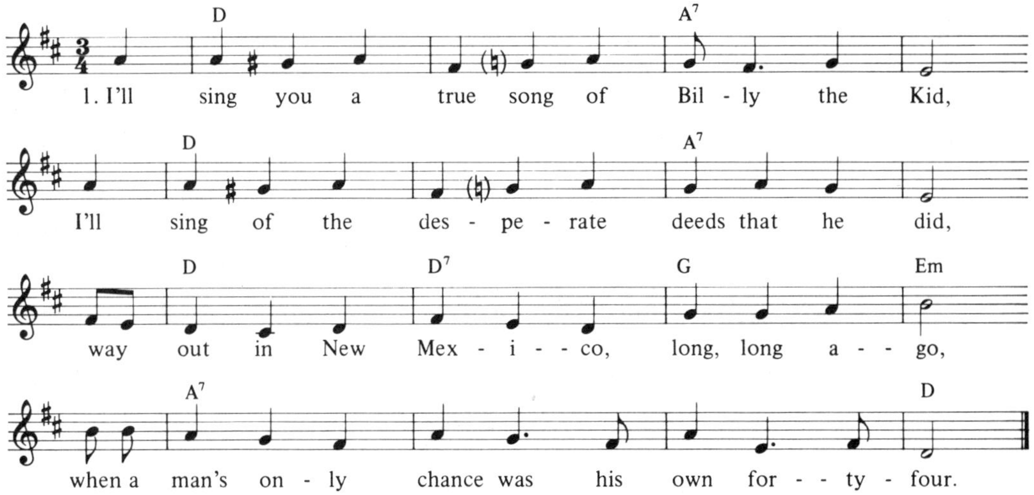

2. When Billy the Kid was a very young lad,
in old Silver City he went to the bad,
way out in the West with a gun in his hand
at the age of twelve years he killed his first man.

3. Fair Mexican maidens play guitars and sing
a song about Billy, their boy bandit king,
how ere his young manhood had reached its sad end,
he'd a notch in his pistol for twenty-one men.

4. 'Twas on the same night when poor Billy died,
he said to his friends, „I'm not satisfied.
There are twenty-one men I have put bullets through,
and Sheriff Pat Garrett must make twenty-two."

desperate = verzweifelt
ere = ehe, bevor
notch = Kerbe
bullets = Kugeln

1 Don Paulin (Hg.): Das Cowboyliederbuch, München 1982, S. 115.
2 Vgl. Paulin, a.a.O., S. 10.

5. Now this is how Billy the Kid met his fate,
the bright moon was shining, the hour was late,
shot down by Pat Garrett, who once was his friend,
the young outlaw's life had now come to its end.

6. There's many a man with a face fine and fair,
who starts out in life with a chance to be square,
but just like poor Billy he wanders astray
and loses his life in the very same way.

square = hier: in Ordnung
to wander astray = vom rechten Weg abkommen

Trad. aus den USA.

Arbeitsvorschläge

Das Lied wird auf Tonsilben gesungen, wobei durch die Wahl entsprechender Silben und durch geeignete Klangfärbung Gefühle und Stimmungen ausgedrückt werden sollen. Auf diese Weise wird einerseits an der Intonation und Tongestaltung und andererseits an der Pflege der Stimme und der Sprechfähigkeit gearbeitet.

Mögliche Tonsilben:
a) ein naiv-betuliches „mo" – runder Lippenring, „Schnuller-Mund", harmlos erstauntes Gesicht („offene Maske")
b) ein zorniges „da" – Unterkiefer besonders stark nach unten fallen lassen, beim „d" befindet sich die Zunge weit vorn, fast zwischen den Zähnen; perkussiv und mit einem *Zwerchfellimpuls* auf jeder ersten Zählzeit im Takt
c) ein verliebtes „dü" – gespitzte Lippen, Töne fließend und legato singen, schüchtern, aber nicht leise
d) ein bärbeißiges „dom" – kurzes offenes „o", „d" und „m"; beim „o" bewegt sich der Unterkiefer kurz aber sehr deutlich nach unten, Wangenmuskulatur ganz locker lassen

Dazu werden die Schüler nahezu von selbst entsprechende mimische und gestische Reaktionen zeigen. Sie sind durchaus erwünscht, ebenso wie das Lachen, das sich wahrscheinlich bald einstellt. Lachen lockert und ist schon deshalb – stimmbildnerisch gesehen – begrüßenswert.

Für jüngere Schüler bietet sich an, eine Einkleidung der Übungen in Form einer *Geschichte* zu bringen:
„In einer richtigen Westernstadt, in Gun City, kennt jeder diese Melodie. Leider haben nur die meisten Einwohner von Gun City den Text vergessen, und so singt nun jeder von ihnen einfach etwas vor sich hin, wie es ihm gerade einfällt. Meistens besteht so der Text nur aus einer einzigen Silbe."
Die Schüler suchen nach geeigneten Tonsilben für bestimmte Bewohner von Gun City, erproben sie und begründen ihre Auswahl. Welche Tonsilbe wählt wohl Lex Galway, der Sheriff? Oder der Falschspieler Sly im Saloon, Ben, der alte Hufschmied, Mrs. Wenderby, die Vorsitzende des örtlichen Wohltätigkeitsvereins, Jim, der achtjährige Sohn des Kaufmanns – welche Tonsilbe paßt zu ihnen? Und was tun sie wohl gerade, als sie die Melodie so vor sich hin singen?
Die einzelnen Charaktere können auch pantomimisch dargestellt werden, während einige Schüler die Melodie auf die jeweils dazu gefundene Tonsilbe singen.

Kommt mit zum Feste

„Orchestrieren“

Ein Traditional mit typischen Elementen der spanischen Volksmusik. In den sechziger Jahren wurde es von Esther und Abi Ofarim, einem damals erfolgreichen Schlager-Duo, auf den Text „Viva la feria“ gesungen (vgl. Schallplatte Philips 6499754).

***) Wiederholung nur beim zweiten Mal**

Trad. aus Spanien. Deutscher Text: Wolfgang Koperski.

Arbeitsvorschläge

Mit Hilfe charakteristischer Tonsilben wird ein Orchester nachgeahmt. Dazu werden Tonsilben gesucht, deren Klang dem eines bestimmten Instruments ähnelt.

Beispiele:

Flöten	„dü“	„d“ sehr kurz, alle Töne gut binden
Klarinetten	„dudl“	hohles „u“, runder Lippenring, bei langen Tönen nur „du“
Streichinstrumente	„w“	Oberzähne leicht auf die Unterlippe setzen, „Gähngefühl“ für eine innen offene Mundstellung
Fagotte	„bå“	offenes „o“ wie in den skandinavischen Sprachen, Unterkiefer gut nach unten bewegen
Kontrabässe („gezupft“)	„dum“	„d“ und „m“ gut betonen, „u“ sehr kurz, alle langen Töne werden auf eine Viertelnote reduziert, die fehlenden Zählzeiten durch Pausen ersetzt
Glockenspiele	„ping“	spitzes „i“, „p“ sehr scharf und perkussiv, „ng“ bei langen Tönen klingen lassen

Zunächst werden verschiedene Klangfarben (Tonsilben) erprobt, dann die Liedmelodie bzw. einzelne Abschnitte auf die jeweilige Tonsilbe gesungen.

Verschiedene „Instrumente“ werden miteinander kombiniert, „Ensembles“ gebildet und schließlich ein ganzes „Orchester“. Dies fällt den Schülern erfahrungsgemäß nicht schwer, da ja nach wie vor alle dieselbe Melodie singen.

Variante:

Ein Teil der Klasse singt das Lied auf Text, ein anderer Teil „begleitet“ mit Tonsilben. Hierbei ist zu empfehlen, nur eine oder zwei instrumentale Klangfarben hinzuzunehmen, da sonst ein zu diffuses Klangbild entsteht, weil die Textlaute andere überdecken können. Für die kurze zweistimmige Phrase (ab dem 17. Takt) kann gut ein „Solo“ eingeplant werden, vielleicht eine „Trompete“ (Tonsilbe „tä“).

Und alle Glocken klingen weit

Weihnachtslied aus England

2. Und alle Engel singen hell, am Weihnachtstag ...

3. Und jeder hier auf Erden singt, am Weihnachtstag ...

Englischer Text:

1. And all the bells on earth shall ring,
   on Christmas Day, on Christmas Day,
   and all the bells on earth shall ring,
   on Christmas Day in the morning.
2. And all the angels in heaven shall sing ...
3. And all the souls on earth shall sing ...

Trad. aus England. Deutscher Text: Wolfgang Koperski.

Begleitsatz

Stabspiele

Pauke (C) 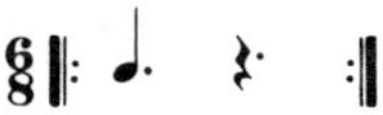

Arbeitsvorschläge

Die folgenden Vorschläge münden in ein „Klangstück“, dessen Material aus dem Lied entnommen ist und in dem stimmbildnerische Elemente mit solchen aus anderen Bereichen der Arbeit am Lied verbunden sind.

Mit Hilfe von Klanggesten wird zunächst der 6/8-Takt befestigt:

Klatschen (clap)
Patschen (patch) 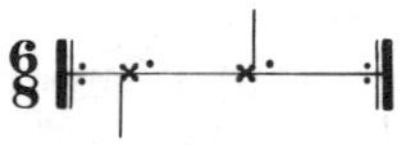

Dies wird anschließend auf zwei Triangeln übertragen: Triangel 

Alternativ können auf einem Glockenspiel die Töne c und g gespielt werden.

Zu der auf Körperinstrumenten (Klanggesten) und Triangel bzw. Glockenspiel gespielten Begleitung wird die Melodie gesummt. Dabei sollen die Lippen geschlossen und die Zähne auseinandergehalten werden. Wenn es auf den Lippen kitzelt, machen es die Schüler richtig.
Beim Summen wird besonders wichtig, daß die Schüler *durch die Nase* nachatmen. Abgesehen davon, daß das Einatmen durch den Mund ungesund ist, entstehen dabei auch störende Nebengeräusche.

In gleicher Weise wird die Melodie auf Tonsilben und schließlich auf Text gesungen und begleitet.

In einem weiteren Durchgang werden nur die *ersten drei Achtel* jedes Taktes gesungen (auf Text), beim nächsten Mal nur die jeweils *zweiten drei Achtel.* Als Stütze dient die Begleitung durch Triangeln, ein Schüler zeigt am Notenbild mit.
Variante: Die ersten drei Achtel des ersten Taktes werden gesungen, dann folgt eine Pause von drei Achteln, auch im nächsten Takt wird pausiert, die ersten drei Achtel des dritten Taktes werden wieder gesungen, drei Achtel Pause, ein Takt Pause, usw. Die Schüler können hierzu selbst andere Regeln erfinden und erproben. Zur Orientierung sollte der Notentext an der Tafel stehen.

Entsprechend der letzten Übung werden die Textsilben durch gleichbleibende Tonsilben ersetzt. Gemeinsam mit der rhythmischen Begleitung durch Klanggesten und Triangel entsteht so ein „Klangstück“.

Beispiel:

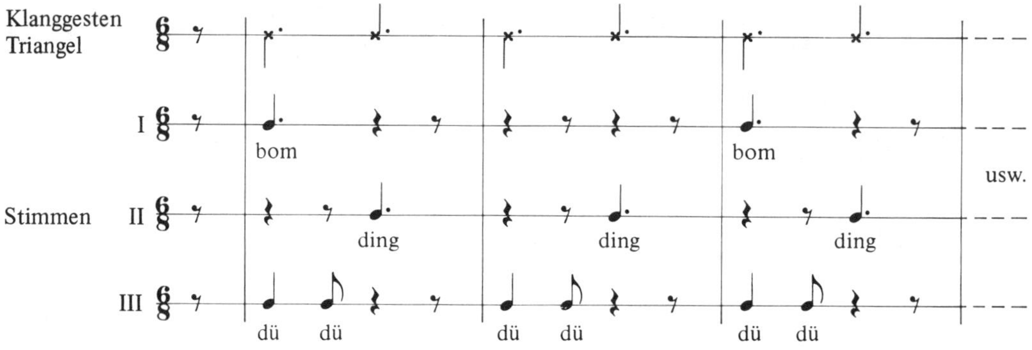

Erweiterungsmöglichkeiten:
a) Zum Klangstück singt ein Schüler oder eine kleine Gruppe das Lied.
b) Zusätzlich zum Klangstück erklingt der Begleitsatz für Stabspiele (auch Klavier, Orgel o.ä.).

2.3. Mehrstimmigkeit

Die Mehrstimmigkeit stellt eine Bereicherung des Liedsingens dar, da zur Melodie die Dimension der Harmonie tritt. Das Eingebundensein der Stimmen in den harmonischen Verlauf ist eine reizvolle musikalisch-sinnliche Erfahrung. Dem mehrstimmigen Singen scheinen aber heute im Klassenunterricht enge Grenzen gesetzt zu sein. Da das Singen sich nur mühsam gegen das passive Konsumieren von Musik behaupten kann, oft überhaupt nur noch in der Schule gesungen wird, erscheint es zunehmend schwieriger, im „normalen" Unterricht zur Zwei- oder gar Mehrstimmigkeit vorzustoßen. Das Hauptproblem ist dabei, daß die meist ungeübten Schüler ihre Stimme nicht halten können, sondern immer wieder in die Melodiestimme „hineinrutschen"; am ehesten gelingen da noch Kanons. Für das lange stimmenweise Üben ist im Klassenunterricht in der Regel weder genügend Zeit noch ausreichend Geduld auf seiten der Schüler vorhanden, und so bleibt das mehrstimmige Singen meist allein dem Schulchor überlassen.
Die folgenden Vorschläge sollen einige Möglichkeiten aufzeigen, auch im Klassenunterricht zur Mehrstimmigkeit zu kommen. Das Stützen der zweiten oder weiteren Stimmen durch ein Instrument soll dabei zwar als ergänzende Hilfe Verwendung finden, aber nicht im Mittelpunkt stehen. Ausgespart bleiben soll das Quodlibet, hierfür gibt es fast in jedem Liederbuch gute Beispiele. Eine wichtige Rolle spielen in den folgenden Arbeitsvorschlägen solche Nebenstimmen, die eigentlich keine „echten" zweiten oder dritten Stimmen im kontrapunktischen Sinne sind bzw. die nur in bestimmten Phrasen eines Liedes auftauchen. Es geht um Echo-Effekte, Ostinati, Kernmelodien, Über- bzw. Gegenstimmen sowie Einwürfe in bestimmten Liedpassagen, Quasi-Kanons und schließlich „Austerzungen" der Melodiestimme. Sie ergeben alle zwei- oder mehrstimmige Führungen und verwenden meist nur aus der Melodie abgeleitetes Material. Dadurch sind solche Stimmen leicht erlernbar, verlangen kaum eine größere gedankliche Unabhängigkeit von der Melodie und führen doch zu guten klanglichen Ergebnissen. Bei einigen Vorschlägen spielen zudem die methodischen Schritte und deren Reihenfolge eine besondere Rolle. Einige der o.a. Möglichkeiten habe ich an *zwei* Liedern konkretisiert, um dem Leser etwas mehr Material anzubieten.

Übersicht

Lied	*Aspekt*
Bury Me Not On the Lone Prairie Ev'ry Night When the Sun Goes In	Echo-Effekt
Sally, My Dear Puff, the Magic Dragon	Kernmelodie
Kol dodi	Ostinato
Sonntags in Korinth	Überstimme
Crawdad	Gegenstimme/Einwürfe
Heaven Is A Wonderful Place	Quasi-Kanon/Einwürfe
Hoch am Himmel Come Back, Liza	Abhängige Stimmen/„Austerzen"

Bury Me Not On the Lone Prairie

Echo-Effekt

Cowboylied aus den USA, eine traurige Ballade, die auch zeigt, daß den Cowboys die Einsamkeit in der weiten Prärie Angst machte.

Bemerkung: 

Dazu: Schlaginstrumente (Tempelblocks o. ä.)

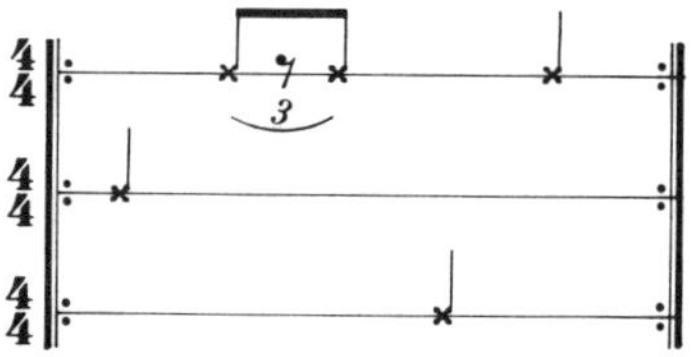

2. He had wailed in pain till o'er his brow
Death's shadows fast were gathering now;
He thought of his home and his loved ones nigh
As the cowboys gathered to see him die.

3. „Oh, bury me not on the lone prairie
Where the wild coyotes will howl o'er me,
In a narrow grave just six by three,
Oh, bury me not on the lone prairie."

4. „Oh, bury me not," and his voice failed there,
But we took no heed of his dying prayer.
In a narrow grave just six by three
We buried him there on the lone prairie.

5. And the cowboys now as they roam the plain,
For they marked the spot where his bones were lain.
Fling a handful of roses o'er his grave,
With a prayer to Him who his soul will save.

Trad. aus den USA.

pallid = blaß
youth = Jüngling
to wail = wehklagen
to take no heed = nicht beachten
to roam = umherstreifen
to fling = werfen, schleudern

Ev'ry Night When the Sun Goes In

Echo-Effekt

Trauriger Monolog einer verlassenen jungen Mutter, die allein mit ihrem Kind unterwegs ist. Die Melodie soll auf sehr alte Vorlagen aus England zurückgehen.

2. True love, don't weep, true love, don't mourn,
true love, don't weep, true love, don't mourn,
true love, don't weep or mourn for me,
I'm goin' away to Marbletown.

3. I wish to the Lord that train would come,
I wish to the Lord that train would come,
I wish to the Lord that train would come,
and take me back where I come from.

4. I wish to the Lord my babe was born,
a-sitting on his daddy's knee,
and me, poor girl, was dead and gone,
with the green grass growing over me.

5. = 2.

Trad. aus den USA.

Begleitrhythmus

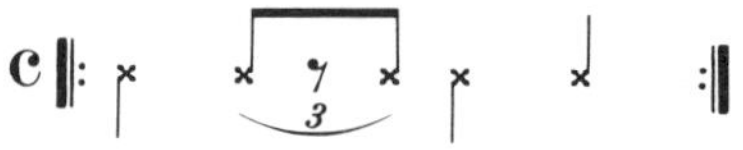

Arbeitsvorschläge

Beide Lieder weisen an den Phrasenenden lange Haltetöne aus, die sogar den Takt überschreiten. In die so entstehende Pause im melodischen Fluß hinein wird die jeweilige Phrase wiederholt, so daß eine Art von Zweistimmigkeit entsteht (Melodie über einem Liegeton).

Zunächst wird eine Situation skizziert, in der das Lied gesungen sein könnte:

a) „Oh Bury Me Not On the Lone Prairie":
Eine kleine Gruppe von Männern allein in der Prärie, einer von ihnen ist schwer verletzt, vielleicht ein schwerer Sturz vom Pferd, der Mann wird sterben. Warum möchte er wohl nicht in der Prärie begraben werden? Was geht in den um ihn versammelten Cowboys vor?

b) „Ev'ry Night When the Sun Goes In":
Auf einem kleinen Bahnhof an einer eingleisigen Strecke sitzt eine junge Frau auf ihrem Koffer, hält ihr Kind im Arm und wartet auf den nächsten Zug. Es weht ein rauher Wind, außer ihr scheint niemand auf dem Bahnhof zu sein. Worüber grübelt die junge Frau nach?

Im Gespräch malen die Schüler die Situation weiter aus. Im Liedtext werden Belege für die Äußerungen der Schüler gesucht.

Das Lied wird abschnittweise ersungen. Dann werden zwei Gruppen gebildet (gleich große Gruppen; kleine Gruppe – große Gruppe; eventuell auch Vorsänger – Chor); die jeweils beginnende Gruppe singt etwa im mezzoforte, die andere eher im piano, wie ein Echo. Die langen Töne an den Phrasenenden müssen nicht vollständig ausgesungen werden, sondern können leicht verkürzt und zum Ende hin abgeschwächt werden. Wie die Ausführung gedacht ist, wird auch aus dem angegebenen Satz zum ersten Lied deutlich.

Als Begleitung tritt der an langsam gehende Pferde erinnernde Rhythmus hinzu. Er sollte auf Tempelblocks, Holzblocktrommel oder Röhrenholztrommel gespielt werden (auf Instrumenten mit einem trockenen Klang ohne Nachhall).
„Bury Me Not“ kann zusätzlich durch den angegebenen Satz begleitet werden; das Stück läßt sich aber auch rein instrumental ausführen. Zum zweiten Lied kann eine entsprechende Begleitung selber gestaltet werden.

Erweiterungsmöglichkeit:
Auch andere Lieder lassen sich dahingehend verändern, daß sie in dieser „Echo-Technik“ gesungen werden können. Geeignet sind Lieder mit kurzen Phrasen und wenigen Harmoniewechseln.
Hier ein Beispiel (vgl. S. 30f.):

Vielleicht finden die Schüler noch andere geeignete Beispiele.

Sally My Dear

Kernmelodie

Ein etwas spöttisches englisches Liebeslied aus Somerset; der Dreiertakt und der rhythmische Verlauf weisen es als eine Tanzweise aus.

2. 𝄆 O Sally my dear, I would love you and wed you. 𝄇
She laughed and replied: Then don't say I misled you.
Sing ...

3. 𝄆 O Sally my dear, I would love you and wed you. 𝄇
She laughed and replied: Then don't say I misled you.
Sing ...

4. 𝄆 If lassies were blackbirds and lassies were thrushes, 𝄇
How soon the young men would go beating the bushes!
Sing ...

5. 𝄆 If the women were hares and raced round the mountain, 𝄇
How soon the young men would be busy a-hunting!
Sing ...

6. 𝄆 If the women were ducks and swum round the water, 𝄇
The men would turn drakes and be soon swimming after.
Sing ...

(to woo = umwerben, locken / to undo = verderben, vernichten / to mislead = verführen, verleiten / lassie = Mädchen / blackbird = Amsel / thrush = Drossel)
Trad. aus England.

Begleitrhythmen

a) Tambourin 

b) beliebiges Schlaginstr. 

Puff, the Magic Dragon

Kernmelodie

Gleichnishafte Ballade von der Freundschaft zwischen dem kleinen Jungen Jacky Paper und Puff, dem Zauberdrachen, die ihr Ende findet, als Jacky erwachsen wird und anderes im Kopf hat als die kindliche Märchenwelt. Das Lied ist besonders in der Originalversion der Gruppe Peter, Paul & Mary populär geworden.

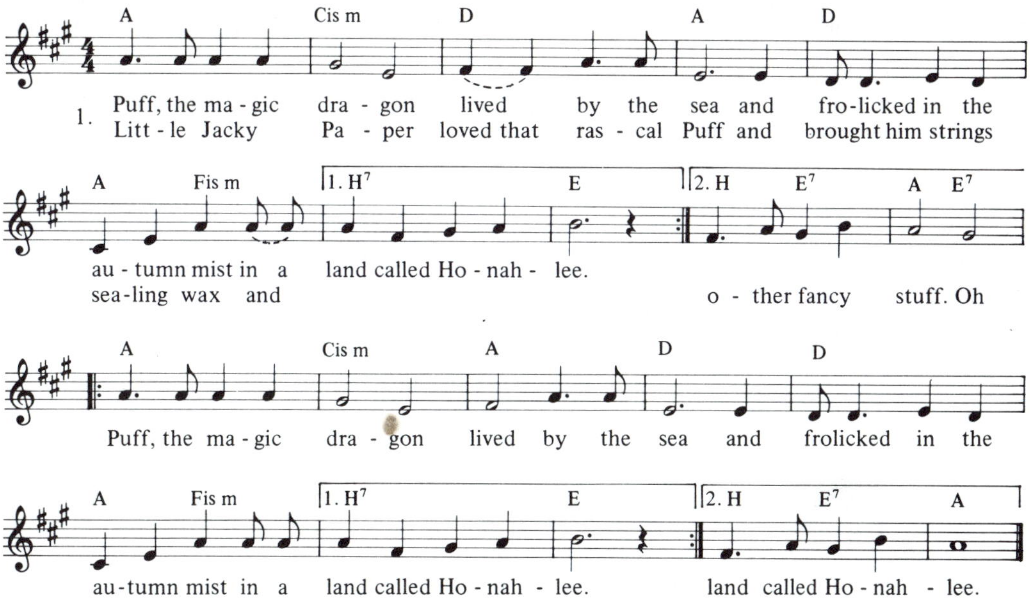

2. Together they would travel on a boat with billowed sail,
Jacky kept a look-out perch on Puff's gigantic tail.
Noble kings and princes would bow where e'er they came,
pirate ships would lower their flag when Puff roared out his name.

3. A dragon lives forever, but not so little boys.
Painted wings and giant rings make way for other toys.
One grey night it happened, Jacky Paper came no more,
and Puff, that mighty dragon, he ceased his fearless roar.

4. His head was bent in sorrow, green scales fell like rain,
Puff no longer went to play along that cherry lane.
Without his life-long friend Puff could not be brave,
so Puff, that mighty dragon, sadly slipped into his cave.

(to frolic = scherzen, spaßen / rascal = Schuft, Gauner / to billow = wogen / perch = Stange / to cease = hier: von sich lassen / scales = hier: Schuppen)

Arbeitsvorschläge

Wenn man eine Melodie auf die harmonischen Stütztöne reduziert und dabei den Rhythmus so weit wie möglich vereinfacht, entsteht die sogenannte *Kernmelodie*. Bei vielen Liedern erhält man sie schon, wenn man *jeweils den ersten Ton eines Taktes* aushält. Eine solche Melodie ist schon deshalb leicht zu singen, weil sie ja mindestens zu Beginn eines jeden Taktes mit der Liedmelodie zusammenfällt. Erklingen Kernmelodie und Lied gemeinsam, ergeben sich durch die Abweichungen innerhalb der Takte zweistimmige Führungen. Für dieses Verfahren sind viele Lieder geeignet, besonders solche mit ganztaktigem Charakter, Lieder mit Akkordmelodik und möglichst ohne Harmoniewechsel innerhalb eines Taktes.

Zunächst wird die Liedmelodie erarbeitet.
Dann werden die Schüler aufgefordert, nur jeweils den ersten Ton im Takt zu singen, die weiteren werden nur gedacht, „innerlich gesungen".

In einem weiteren Durchgang werden die Anfangstöne der Takte für die Dauer eines Taktes ausgehalten. An die Stelle des Textes treten Tonsilben, z. B. „du" oder „ah", die Melodie kann aber auch gesummt werden.
Zum Üben ist es wichtig, Zäsuren zu bilden. In den beiden vorliegenden Liedern lassen sie sich am besten nach jeweils vier Takten einfügen.

Kernmelodie für „Sally My Dear":

Ergänzungsmöglichkeit:
Am Schluß kann noch eine Überstimme hinzutreten, wie sie für die Musizierpraxis der Folk Music typisch ist:

Kernmelodie für „Puff, the Magic Dragon":
Hier ergibt sich eine abwärts gerichtete Tonleiter mit Halbschluß am Ende der ersten und Ganzschluß am Ende der zweiten Periode.

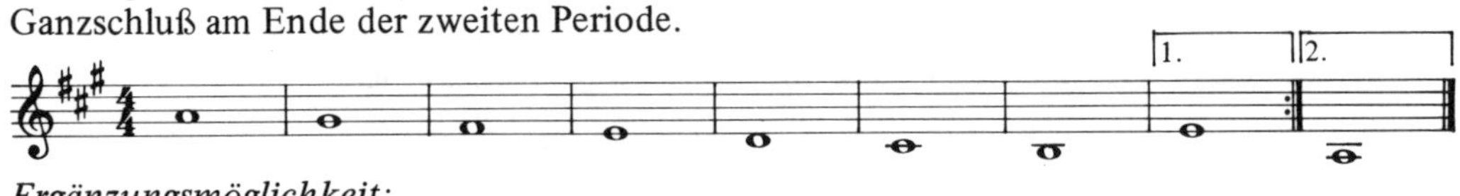

Ergänzungsmöglichkeit:
Es kann leicht passieren, daß das Lied einen etwas schleppenden Charakter bekommt. Um dem entgegenzuwirken, kann der folgende Begleitrhythmus hinzutreten:

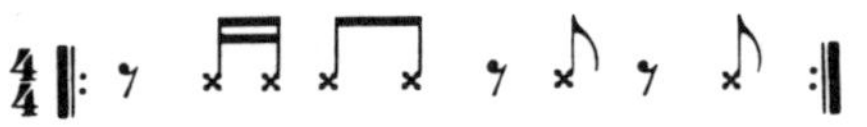

Zur Unterstützung der Sänger der Kernmelodie kann diese von Instrumenten (z. B. Blockflöten, Metallophon, Glockenspiel o. ä.) mitgespielt werden.

Ostinato

Kol dodi

Liebeslied aus Israel

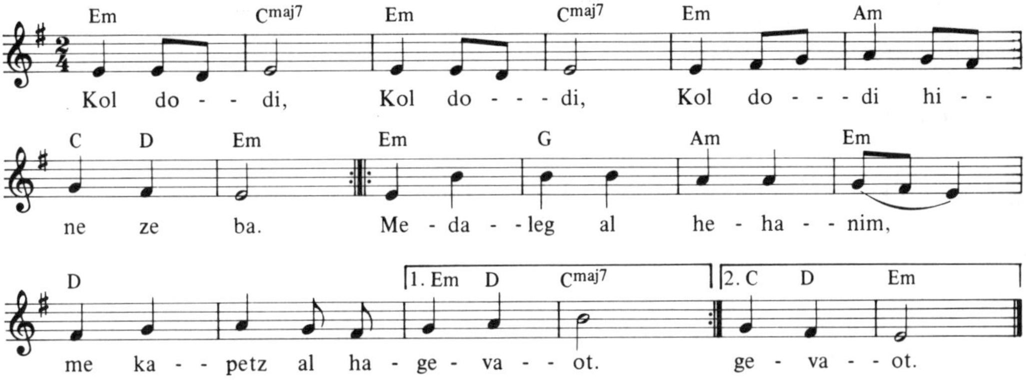

Übersetzung:
Horch! Mein Geliebter! Siehe, da kommt er, springt daher über die Berge, hüpft daher über die Hügel!

Trad. aus Israel.

Arbeitsvorschläge

Zu den beiden Liedteilen von „Kol dodi" sollen Ostinati gesungen werden. Für diese Möglichkeit sind nur Lieder geeignet, deren harmonischer Verlauf recht gleichförmig ist, d.h. daß man entweder mit nur einem oder zwei Begleitakkorden (z.B. Tonika und Subdominante) auskommt oder daß sich eine kurze Akkordfolge ständig wiederholt. Allerdings lassen sich Reibungen nur selten ganz vermeiden, sie machen zum Teil auch den Reiz einer solchen Form der Mehrstimmigkeit aus.
Ein Ostinato zu singen kann für die Schüler sehr schnell langweilig werden. Deshalb sollte ein Ostinato in sich schon einen gewissen Anspruch stellen und nicht zu trivial klingen, damit die Schüler eine Aufgabe darin sehen können. Dies kann durch abwechslungsreiches Üben noch unterstützt werden.

Die Ostinati werden losgelöst vom Lied erarbeitet; die Schüler erfahren noch nicht, daß es um eine zweite Stimme zu „Kol dodi" geht.

Ostinato zum ersten Liedteil (Takte 1–8):

„Stellt euch einen weiten Raum mit einem starken Nachhall vor, etwa ein Kirchenschiff. In diesen hinein singen wir die kleine Melodie und lauschen auf den Hall.“
Das Ostinato wird auf *verschiedene Tonsilben* gesungen; sind tiefe Stimmen vorhanden, z.B. auf „bomm“; dabei werden die Silben möglichst öfter gewechselt. Während des Singens gehen alle im Raum umher. Das hilft, im Takt zu bleiben, und stützt die Vorstellung, in einem großen, weiten Raum zu sein. Zusätzlich kann die Lautstärke variiert werden: anschwellen, abschwellen, plötzlich laut, fast unhörbar leise, usw.

Ostinato zum zweiten Liedteil (Takte 9–16):

Das Ostinato wird analog zum ersten erarbeitet.

Beide Ostinati werden *nacheinander* gesungen: das erste achtmal, anschließend das zweite viermal. Unterstützend können Instrumente dazukommen.

In einem weiteren Durchgang singt der Lehrer zu den Ostinati das Lied. Die gelegentlichen Reibungen der Liedmelodie mit den Ostinati werden gemildert, wenn letztere eher leise und dezent musiziert werden, sie klingen dann sogar sehr reizvoll.

Abschließend erlernen alle Schüler das Lied. Eine kleine Gruppe singt es, die übrigen Schüler singen die Ostinati.

Hinweis: Die dem Lied beigegebenen Begleitakkorde können *nicht* gemeinsam mit den Ostinati musiziert werden, da sich beides harmonisch nicht miteinander verträgt.

Sonntags in Korinth

Überstimme

Volkslied aus Griechenland, das das bunte Treiben in der Hafenstadt Korinth beschreibt. Das griechische Kolorit kommt besonders gut zur Geltung, wenn man die erste Zählzeit im ersten und dann jeweils übernächsten Takt gut betont.

2. Sonntags in Korinth, da hört man in den Straßen
überall Musik, als wäre grad' ein Fest.
Mädchen mit langen bunten Ketten
sieht man bei ihren Burschen stehn.
Und vor den hohen Minaretten
kann man die Alten plaudern sehn.

3. Sonntags in Korinth, da rauchen die Kamine,
ja, es riecht so gut nach Hammelfleisch und Speck,
und nach Muskat und Koriander,
nach Rosmarin und auch nach Dill.
Denn man sitzt fröhlich beieinander,
jeder ißt heut' so viel er will.

4. Sonntags in Korinth beginnt die Nacht viel später,
denn man geht am Abend erst einmal zum Tanz.
Herrlicher Wein in bunten Krügen
lockert die Zunge und das Herz,
und man genießt in vollen Zügen,
als wär' das Leben nur ein Scherz.

Text: Fred Weyrich, Melodie: Konstantin Koriatis, SBK Songs Musikverlag GmbH, Frankfurt a. M.

Begleitrhythmen

a) Handtrommel: 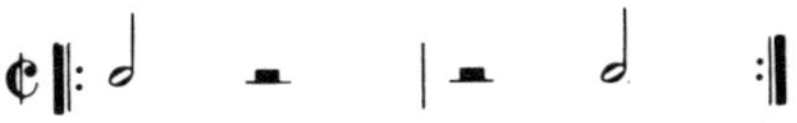

b) Klatschen: 

Arbeitsvorschläge
Die Überstimme zum zweiten Liedteil besteht meist aus der *Terz zum jeweiligen Melodieton.* Da, wo es harmonisch möglich ist, findet ein *Liegeton* Verwendung (2. Liedteil). Die Überstimme kann auf zweierlei Weise musiziert werden: auf Tonsilbe („ah") gesungen oder rhythmisiert auf Text.

Zunächst wird das Metrum befestigt:

Klanggesten: 

Dann wird die Liedmelodie abschnittweise erarbeitet, auf Tonsilben und auf Text gesungen. Dazu tritt die Begleitung durch Klanggesten.

Die Überstimme wird erarbeitet. Dazu wird zunächst der Text des zweiten Liedteils gesprochen (im Liedrhythmus) und dazu das Metrum geklatscht.
Dann wird die Überstimme in „bequemer" Lage, z.B. eine Terz tiefer sequenziert, gesungen: Damit fällt in der Erarbeitungsphase der Eindruck weg, die Überstimme sei „hoch", was für die Schüler oft gleichbedeutend mit „zu hoch" bzw. „für mich unsingbar" ist.

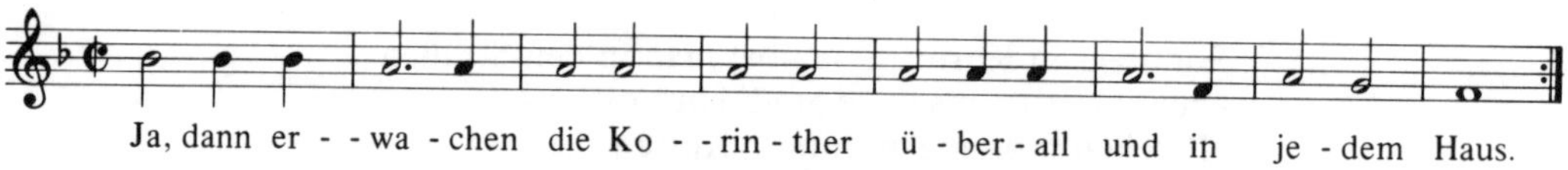

Dann wird die Überstimme in *Originallage* gesungen, praktisch also nur „versetzt", und schließlich wird sie der Melodiestimme hinzugefügt.

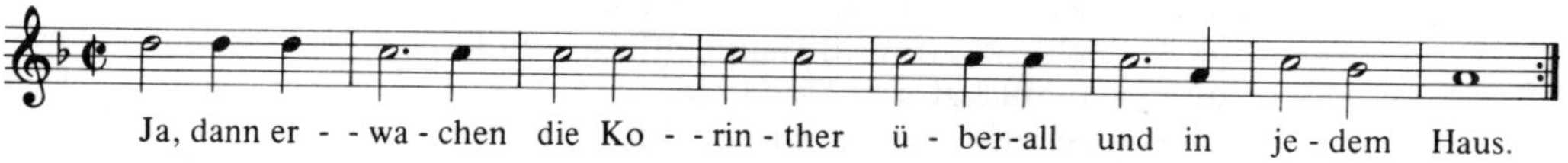

Eine kleine Gruppe kann die Überstimme auch auf „ah" singen. Dann werden allerdings Töne gleicher Höhe jeweils zu einem Ton gebunden (vgl. Notentext), dasselbe gilt, wenn ein Instrument (z.B. Blockflöte) die Überstimme mitspielt. Die Überstimme wirkt durch eine Verzierung auf dem vorletzten Ton noch reizvoller:

Crawdad

Gegenstimme / Einwürfe

Volkslied aus den USA, das vom Krebsefangen handelt. Der Text ist offensichtlich nicht ganz ernst gemeint, er stellt fast einen Nonsensdialog dar. Durch das hohe Tempo wird den Sängern einiges an Zungenfertigkeit abverlangt.

2. Get up old man, you slept too late, honey,
   get up old man, you slept too late, babe,
   get up old man, you slept too late,
   last piece of crawdads on your plate,
   honey, sugar baby mine.

3. Get up old woman, you slept too late, ...
   crawdad man done passed your gate,
   honey, sugar baby mine.

4. Along came a man with a sack on his back, ...
   packin' all the crawdads he can pack,
   honey, sugar baby mine.

5. What you gonna do when the lake goes dry, ...
   Sit on the bank and watch the crawdads die,
   honey, sugar baby mine.

6. What you gonna do when the crawdads die, ...
   Sit on the bank until I cry,
   honey, sugar baby mine.

7. I heard the duck say to the drake, ...
   there ain't no crawdads in this lake,
   honey, sugar baby mine.

Trad. aus den USA.

Arbeitsvorschläge

Eine Gegenstimme, d.h. eine, die eine entgegengesetzte Bewegungsrichtung zur Melodie aufweist, und Einwürfe sollen zu mehrstimmigen Führungen in diesem Lied benutzt werden. Die Einwürfe finden sich im vorstehenden Notentext, die Gegenstimme ist dort der besseren Lesbarkeit wegen nicht mit notiert worden.

Bevor die Liedmelodie erlernt wird, soll die Gegenstimme geübt werden. Sie soll ab Takt 9 einsetzen; gegenüber dem Steigen und Fallen der Melodie führt sie zunächst konsequent abwärts, um dann in zur Melodie parallelen Terzen zu münden:

Diese Gegenstimme gehört zu den gängigen Mustern in der Unterhaltungsmusik, die Schüler erlernen sie meist sehr schnell. Zunächst sollte sie auf Tonsilben, z.B. „duba", später erst auf den notierten Text gesungen werden.

Dann wird das Lied erlernt, ab Takt 9 tritt die Gegenstimme hinzu. Wegen der relativ tiefen Lage der Liedmelodie sollte diese von den Jungen, die Gegenstimme von den Mädchen übernommen werden.

Die Einwürfe in den Takten 4 und 8/9 (jeweils mit Auftakt) ergeben sich fast von selbst, wenn das Lied bekannt ist. Sie sollten solistisch besetzt werden.

Den Schwung des Liedes unterstreicht ein geklatschter *after-beat*:

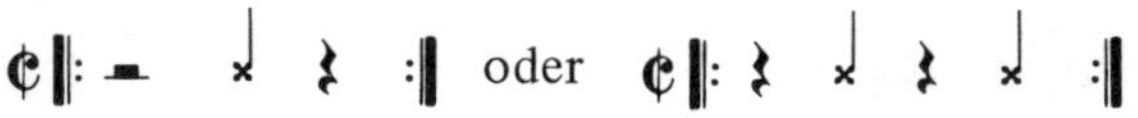

Nach sieben langen Strophen macht sich ein Abschluß durch eine *Coda* gut:

Heaven Is A Wonderful Place

Quasi-Kanon / Einwürfe

Gospelartiges Lied aus den USA; es wird wie ein Kanon gesungen, wobei man mit der Unterstimme beginnt, dann folgt die Mittel- und zuletzt die Oberstimme.

Trad. aus den USA, Bearbeitung und Satz: Wolfgang Koperski.

Arbeitsvorschläge

„Heaven Is A Wonderful Place" wird zwar wie ein Kanon musiziert, bei näherer Betrachtung erweist sich aber die beginnende Unterstimme als eine Baßstimme. Es handelt sich in den ersten Takten um eine Art Wechselbaß in rhythmisierter Form, am Schluß steht ein ebenfalls baßtypischer chromatischer Durchgang:

Diesem folgt ein zweimaliger Durchgang von c′ nach f′, einmal als Abschluß der Kadenz, beim zweiten Mal als Überleitung in die Mittelstimme:

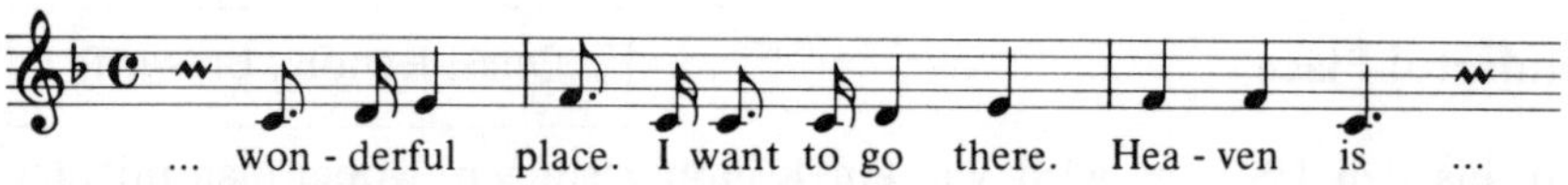

Es handelt sich also eigentlich um einen dreistimmigen Satz mit zwei weitgehend parallel geführten Oberstimmen über einer Baßmelodie. Da die Musizierweise aber wie in einem Kanon ist, möchte ich ein solches Lied einen „Quasi-Kanon" nennen.

Zunächst wird die Unterstimme erlernt. Da der Text kurz und einprägsam ist und die Melodie bekannte und eingängige Muster der Jazz- und bluesbeeinflußten Unterhaltungsmusik benutzt, kann man u. U. auf das Ausgeben von Noten verzichten. Als Stütze kann die *Kernmelodie*, d.h. die auf die harmonischen Stütztöne reduzierte und weitestgehend rhythmisch vereinfachte Melodie, auf einem (Baß-)Instrument mitgespielt werden:

(Für den Fall, daß die Stimme so nicht spielbar ist, z. B. weil entsprechende Klangplatten auf einem Stabspiel fehlen, kann in Takt 5 und 6 statt es′ – d′ – des′ stets f′ gespielt werden.)
Als metrische Stütze wird ein *after-beat* (auf „2" und „4") dazu geklatscht.

Die Mittel- und die Oberstimme werden jeweils für sich erarbeitet. Dann werden alle drei Melodien nacheinander gesungen. Als harmonische Stütze erklingt dazu die Kernmelodie der Unterstimme auf einem Baßinstrument oder sie wird von einer Gruppe auf „bom" gesungen.

Schließlich werden drei Gruppen gebildet und das Lied als Kanon gesungen.

Erweiterungsmöglichkeiten:

a) Zusätzlich zur Kernmelodie der Unterstimme können auch die der Mittel- und der Oberstimme, gesummt oder auf Instrument gespielt, dazutreten:

So läßt sich der Gesang stützen; jeder Stimme sollten dann Instrumente verschiedener Klangfarbe zugeordnet werden, damit die Orientierung für die Sänger einfacher ist. Zudem wird es auch klanglich interessanter.

b) Einen zusätzlichen Effekt erreicht man durch die kurzen *Einwürfe* an den Phrasenenden (vgl. Notentext). Am besten wirken sie, wenn sie von zwei kräftigen hohen Stimmen gesungen werden. Die Silben „duwabwab" sollen mit einem stark vom „u" durchdrungenen „w" gesungen werden, so daß es sich fast wie „du-uab-uab" anhört. Die Einwürfe sollten zudem ein bißchen vorlaut und naseweis klingen. Für eine instrumentale Besetzung eignet sich besonders gut ein Sopran-Xylophon (harter Schlägel!).

c) Für die Arbeit im Schulchor oder mit besonders „guten" Klassen hier noch eine Erweiterung zu einem *Chorsatz*. Dazu werden dem Liedsatz ein *Einleitungsteil* und eine *Coda* angefügt. Beide bestehen aus Motiven der Liedmelodie, die im wesentlichen nur rhythmisch verändert werden. Die Anzahl der Wiederholungen des Hauptteils (Lied im dreistimmigen Satz) ist beliebig.

Einleitung

(Unterstimme im 2. bis 4. Takt auch in Altlage.)

Coda

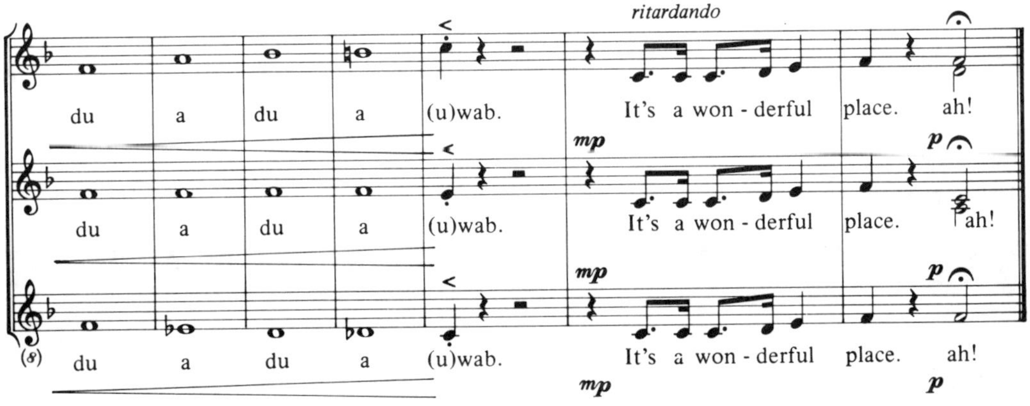

Reihenfolge:
Einleitung / Hauptteil: Unterstimme, Unter- und Mittelstimme, Unter-, Mittel- und Oberstimme; Wdh. ad lib. / Coda

Hoch am Himmel

Abhängige Stimmen / „Austerzen“

Weihnachtslied in volksliedhafter Melodik, das durch rhythmische Antizipationen „modern“ wirkt.

2. Hoch am Himmel ...
Hört ihr, wie die Engelein
im Himmel droben
singen? Alle soll'n sich freu'n
und Gott loben!

Text, Melodie und Satz: Wolfgang Koperski.

Vor-, Zwischen-, Nachspiel

Block-flöten/ Stab-spiele

Dazu ad lib.:

Glockenspiel

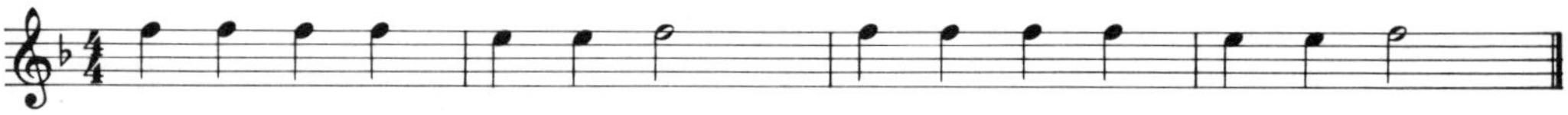

Begleitrhythmen

Triangel

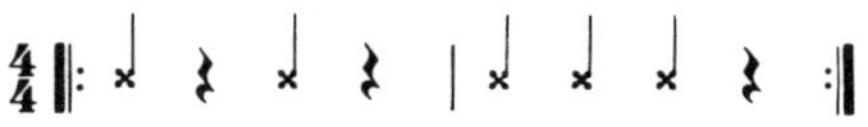

Schellen (Klatschen)

Come Back, Liza

Abhängige Stimmen / „Austerzen“

Volkslied aus Jamaika, es ist besonders in der Version von Harry Belafonte bekannt geworden.

2. When I go to the market place ...
3. When I see the young girls dancing ...
4. When I hear the lovely music ...
5. When I hear the guitars playing ...
6. When I watch the deep blue sea ...

Trad. aus Jamaika.

Begleitrhythmus

Bongos

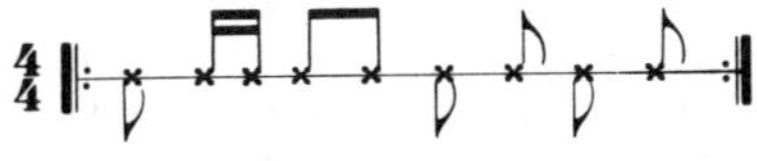

Arbeitsvorschläge

Die zweiten und dritten Stimmen in den Sätzen zu den beiden Liedern sind von der Melodie *abhängige Stimmen*, d.h. sie folgen der Melodiestimme im Terz- oder Sextabstand, sind die Grundtöne der Begleitharmonien o.ä. und sind für sich allein nicht lebensfähig.
Um die Zwei- (bzw. Drei-)Stimmigkeit zu erreichen und um zu vermeiden, daß eine Gruppe immer in die Stimme der anderen „hinüberrutscht", werden Ober- und Unterstimme(n) *phrasenweise nacheinander* und *anschließend* in Gruppen *als Kanon* gesungen.

Beispiel: „Hoch am Himmel"

Am Schluß laufen die Stimmen jeweils aus.

Beide Stimmen werden in der Originalgestalt gesungen, zunächst nacheinander, dann gleichzeitig.
Es wäre nicht günstig, zuerst die Liedmelodie zu erarbeiten und dann die 2. Stimme hinzuzusetzen. Die Sänger der 2. Stimme würden nur zu leicht in die vorher erlernte „richtige" Stimme zurückfallen.

Für „Come Back, Liza" kommt dasselbe Verfahren zur Anwendung, wobei zu empfehlen ist, jeweils *viertaktige* Phrasen zu bilden und dann Melodie-, Mittel- und Unterstimme aneinanderzureihen.

Erweiterungsmöglichkeiten:

a) zu „Hoch am Himmel": Ergänzend können Instrumente eingesetzt werden (Vor-, Zwischen-, Nachspiel; Begleitung des Refrains; rhythmische Begleitung).

b) zu „Come Back, Liza": Der Chorsatz läßt sich auch auf zwei Stimmen reduzieren, in diesem Falle müßte der Baß bzw. der Alt – sofern er nicht Melodiestimme ist – weggelassen werden. Die Überstimme ab Takt 9 kann ebenfalls entfallen oder von einem Instrument (Flöte) übernommen werden.
Wenn Männerstimmen fehlen, läßt sich die Baßstimme oktavieren und vom Alt singen.

2.4. Liedbegleitung

Erfahrungsgemäß macht es Schülern viel Freude, ein Lied auf Instrumenten zu begleiten. Durch die Begleitung gewinnt das Lied klanglich, und der Gesang wird metrisch-rhythmisch und intonationsmäßig gestützt.
Zudem eröffnen sich Möglichkeiten der Differenzierung im Unterricht, das heißt, daß diejenigen, die weniger gern (oder weniger gut) singen, in der Liedbegleitung eine sinnvolle und befriedigende Aufgabe finden. Damit soll aber keineswegs gesagt sein, daß diejenigen, die gut singen, niemals Begleitungen spielen „dürften"; hier gilt es, häufig die Rollen wechseln zu lassen.
Motivierend ist es auch, von einem Begleitsatz eine Tonbandaufnahme anzufertigen und daran möglichst viele Schüler zu beteiligen. Eventuell müssen zwei Aufnahmen von jeweils der halben Klasse gemacht werden. Zu der Bandaufnahme kann dann später die ganze (oder eine andere) Klasse im Playback-Verfahren singen. Aus der unterrichtlichen Arbeit in diesem Bereich fällt oft etwas Verwendbares für eine Schulfeier oder einen Elternabend ab; auch hierin kann für die Schüler eine besondere Motivation liegen.
Zum Bereich der Liedbegleitung findet man noch am ehesten Vorschläge in den Schul- und Liederbüchern. Seit einigen Jahren hat es sich zudem durchgesetzt, zu den Melodien Akkordsymbole hinzuzusetzen, die als Anhaltspunkt für die Begleitung vor allem auf der Gitarre oder dem Klavier gedacht sind. Sie liefern aber auch Hilfen für das Erstellen von Begleitsätzen für andere Instrumente.
Die Vorschläge, die ich machen möchte, sollen beispielhaft die Bandbreite der Möglichkeiten zeigen, Lieder zu begleiten, und sie sollen den Lehrer ermutigen, sofern er es nicht schon tut, selbst Begleitsätze zu Liedern zu schreiben. Meine Vorschläge berücksichtigen unterschiedliche Voraussetzungen sowohl bei den Spielern als auch hinsichtlich der vorhandenen Ausstattung mit Instrumenten. Schon mit Klanggesten oder Umweltmaterialien läßt sich eine Liedbegleitung schaffen, die den Gesang stützt und klanglich bereichert. Oft lassen sich aus einfachen, der Liedmelodie entnommenen Bausteinen sukzessive einfache Begleitsätze erarbeiten.
Viele der folgenden Vorschläge gehen vom *Orff-Instrumentarium* und von *Blockflöten* aus, da diese an den meisten Schulen am ehesten verfügbar sind. Die Begleitungen können aber selbstverständlich auch in anderen Besetzungen realisiert werden, z. B. können alle Melodiestimmen von Violinen, Holzblasinstrumenten, aber auch von Melodikas, Akkordeon, Keyboards o.ä., die Baßstimmen von Kontrabaß oder Baßgitarre, eventuell auch vom Klavier, übernommen werden. Der Lehrer sollte hier Möglichkeiten, die sich an seiner Schule bieten, erproben und die Begleitvorschläge gegebenenfalls entsprechend verändern.

Übersicht

Lied	*Aspekt*
Leer ist das Feld	Körperinstrumente
Ees, zwee, drei	Umweltinstrumente: Papiermusik
O lelê, ô lalá	Latin percussion/Umweltinstrumente
Paddy Works On the Railroad	Stimmklänge
Mücken hielten Hochzeit fein	Bordun
Gut shabes aich V'la l'bon vent	Ostinato

Lied	*Aspekt*
Auprès de ma blonde	Kernmelodie
Hab mir geschnitzt ein Weidenpfeiflein	Begleitstimme
Straßen auf und Straßen ab	Baßstimme
A Railroader For Me	Akkordbegleitung
Keen Graff is so breet	Akkordbegleitung
I Walk the Line	Akkordbegleitung/Wechselbaß
Blots een Peer	Vor-/Nach-/Zwischenspiel
Il est né, le divin enfant	Verschiedene Satzelemente
Rosel, wenn du meine wärst	Verschiedene Satzelemente

Leer ist das Feld

Körperinstrumente

Erntelied aus Dänemark. Konstituierende Elemente der Melodie sind der gebrochene C-Dur-Dreiklang und die abwärts gerichtete Sequenz eines Terzmotivs.

2. Lasset die Scheune uns schmücken zum Feste,
Rosen holt und Georginen, Blumen mancherlei.
Tanzen die Kinder schon lange den Reigen,
und die Mädchen stehen dort, die Burschen auch dabei.
Bindet schnell den Kranz, schmücket ihn mit Glanz!
Feiern wir den Erntetag und drehen uns im Tanz!

Trad. aus Dänemark, Deutscher Text: © Verlag Moritz Diesterweg, Frankfurt/M.

Arbeitsvorschläge

Wenn gar keine Instrumente zur Verfügung stehen, bleibt immer noch der eigene Körper! Mit Klanggesten läßt sich auch eine effektvolle und wohlklingende Begleitung erarbeiten. Als Grundlage wird zunächst der Takt geschlagen:

patch
clap

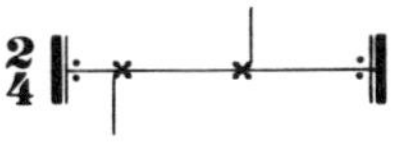

Die Schüler schlagen dann *andere Klanggesten* vor und erproben sie. Dabei werden nach und nach rhythmische Differenzierungen der metrischen Schläge vorgenommen:
Beispiel:

a) patch
clap

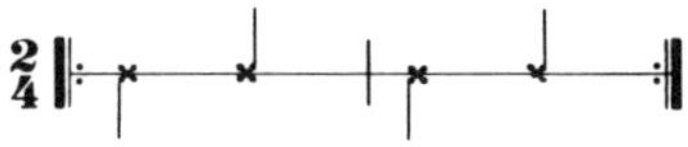

b) patch
clap

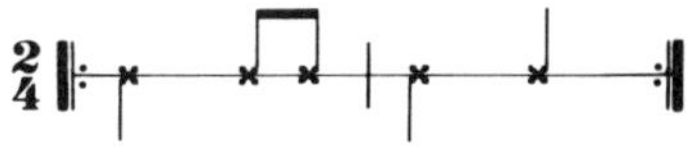

c) mit Fingerknöcheln auf der Tischplatte: rechts
links

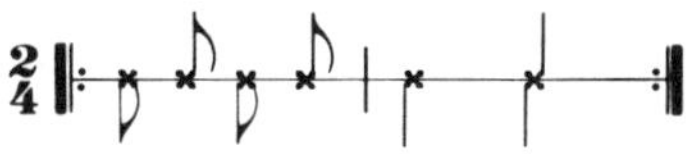

Aus den verschiedenen Vorschlägen werden einige ausgewählt und eine *rhythmische Begleitpartitur* erstellt. Diese wird geübt und zum Lied musiziert. Wenn die Partitur nicht zu kompliziert geraten ist, braucht man dazu die Klasse nicht einmal in eine singende und eine begleitende Gruppe zu unterteilen.
Hier ein Vorschlag für eine solche Begleitpartitur:

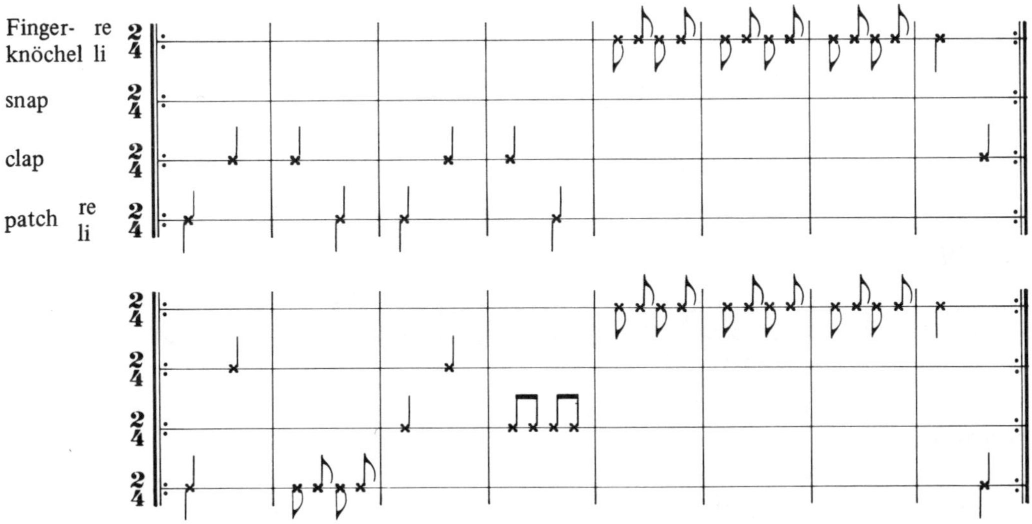

Ees, zwee, drei

Umweltinstrumente: Papiermusik

Polka aus der Grafschaft Glatz (Niederschlesien); der schalkhafte Text wirkt auch durch die Dialektfärbung.

2. Stimme/ Instr.

2. Fimf, sechs, siebm, acht, mag ar nich, do läßt er mich,
do bleib ich halt fer mich! Dräh dich im, ...

3. Neun, zahn, elf, zwelf, soat er woas, do hoot er woas,
do ward ar halt mei Moan! Dräh dich im, ...

Aus Schlesien. S. dazu Schallplattendokumentation „Volkslieder aus den deutschen Vertreibungsgebieten“, DGG 0654071-3, Hg.: Herbert Wilhelmi.

Vorspiel

beliebige Instrumente

Begleitrhythmen

Arbeitsvorschläge

Papier ist ein leicht verfügbares und billiges „Musikinstrument", ihm lassen sich die unterschiedlichsten Klänge entlocken. Geeignet sind vor allem alte Illustrierten und Zeitschriften, weniger Zeitungen, da die Druckerschwärze oft zu stark abfärbt.

Hier ein paar Anregungen für *Papierklänge*:

a) Papier *zerknüllen* und zwischen den Händen reibend hin- und herbewegen; durch heftigere Bewegung kann man Akzente setzen. Meist werden mehrere Spieler benötigt, da das raschelnde Geräusch recht leise ist;

b) rhythmisches *Reißen*; es gelingt besonders gut, wenn das Papier mit einer Hand gehalten, mit der anderen zunächst ein kleines Stückchen eingerissen und dann mit Daumen und Zeigefinger der anderen Hand der abzureißende Teil ständig leicht gespannt wird. Mittel- und Ringfinger schlagen nun im Rhythmus gegen das Papier, wobei dieses weiter einreißt. Ist ein Papierstreifen abgerissen, muß sofort wieder oben neben der haltenden Hand nachgefaßt werden;

c) ein *knallendes Geräusch* entsteht, wenn ein Bogen Papier an den Enden locker gehalten und dann ruckartig auseinandergezogen wird. Die Bewegung muß so dosiert werden, daß das Papier nicht reißt. Für diesen Klang reichen wenige Spieler aus.
Variante: so heftig auseinanderziehen, daß das Papier ganz bestimmt reißt. Dieser Klang sollte nur als gelegentlich auftauchender Effekt – etwa am Schluß eines Stückes – Verwendung finden;

d) eine Hand hält das Papier, mit dem Zeigefinger der anderen Hand, der „am Daumen gespannt" wird, gegen das Papier schnippen.

Bestimmt fallen den Schülern selbst noch weitere Möglichkeiten ein, Papierklänge zu erzeugen.

Für eine Begleitung durch Papierklänge eignen sich vor allem lustige Lieder.

Die Schüler erfinden und erproben allerlei verschiedene Papierklänge. Geeignete Klänge werden ausgesucht und zu einer begleitenden *Papiermusik* zusammengestellt. In diesem Fall sollte das Lied vorher bekannt sein, damit die Klänge und die zu verwendenden Rhythmen sinnvoll ausgewählt werden können.

Beispiel: Papiermusik zu „Ees, zwee, drei"

Takte 1 bis 4:

knüllen

reißen

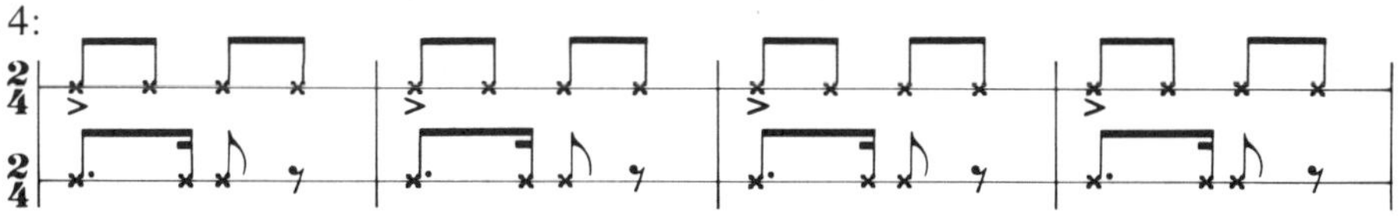

Takte 5 bis 8:

reißen

knallen

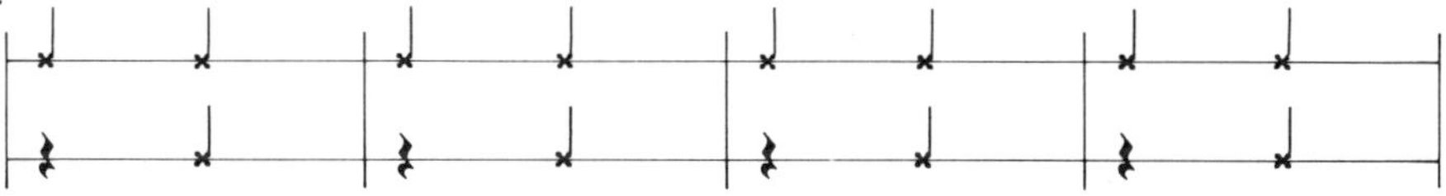

Takte 9 bis 16:

reißen

schnippen

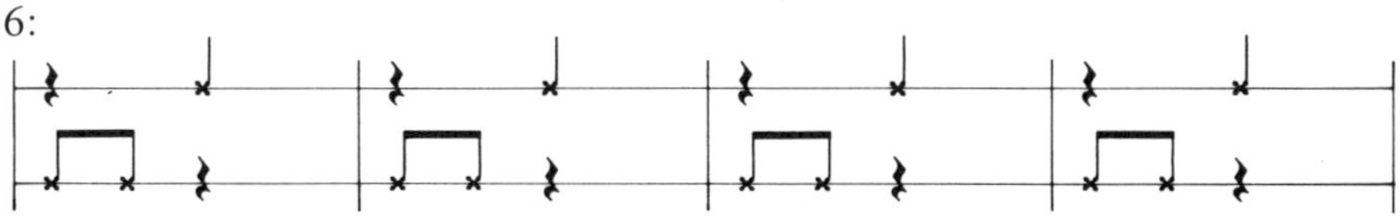

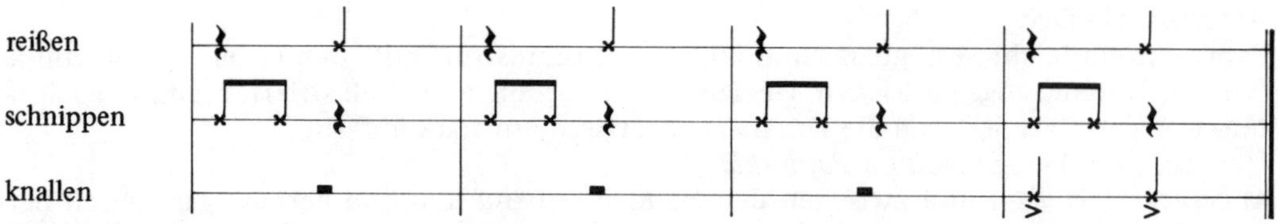

Als Hilfe bei der Erarbeitung dienen *Sprechrhythmen*, sie helfen den Spielern, ihren Rhythmus beizubehalten, und steuern gleichzeitig die Bewegungsimpulse, so daß deutliche Akzente entstehen.

Beispiele:

a) 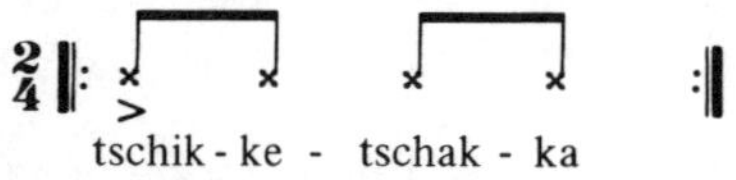

b) 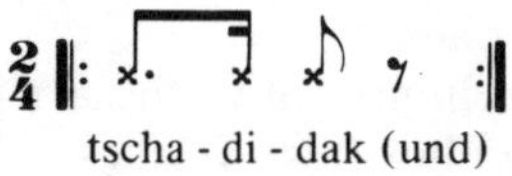

c) 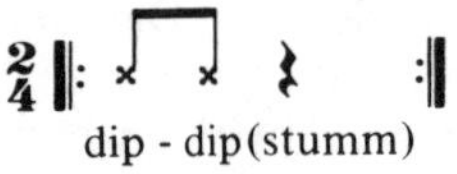

Abschnittweise werden schließlich Lied und Papiermusik zusammengefügt.

Erweiterungsmöglichkeiten:

a) Zu der Papiermusik wird auch noch die 2. Stimme (vgl. Notentext) auf Instrumenten gespielt oder gesungen.

b) Das kleine Vorspiel (S. 68) kann durch Papierklänge ergänzt werden, z. B.:

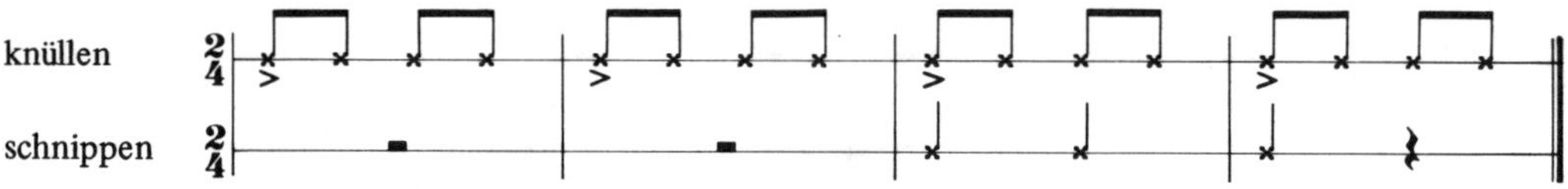

Ô lelê, ô lalá

Latin percussion/Umweltinstrumente

Samba aus Brasilien, die dort jedes Kind kennt. Die Melodie ist wie ein Kinderlied einfach gebaut und rhythmisch unkompliziert. Ihren Reiz erhält diese Samba, wenn kontrastierende Rhythmen hinzutreten, die auf lateinamerikanischen Perkussionsinstrumenten oder auch – wie es die Brasilianer tun – auf einfachen Umweltinstrumenten, Gegenständen aller Art wie Löffeln, Gläsern, Schachteln, Dosen usw., musiziert werden.

(Zur Aussprache: p weich färben; z wie stimmhaftes s)

Trad. aus Brasilien.

Arbeitsvorschläge

Im folgenden werden *Begleitrhythmen* vorgestellt, wie sie für eine Samba typisch sind. Sie sind jeweils auf einem bestimmten Perkussionsinstrument zu spielen, dieses kann jedoch sehr gut durch die in Klammern angegebenen Umweltinstrumente ersetzt werden.

Bevor das Lied gesungen wird, erlernen die Schüler die verschiedenen Begleitrhythmen erst einzeln. Danach werden sie mit den zuvor erarbeiteten Rhythmen zusammen musiziert. Als Hilfe werden *Sprechrhythmen* verwandt, die z.T. dem Instrumentalklang ähneln. Sie werden zunächst nur gesprochen, begleiten dann das Instrumentalspiel und werden zuletzt nur noch „mitgedacht". Wenn Schüler „aus dem Rhythmus kommen", sollten sie sich zur Erinnerung nochmals den dazugehörigen Sprechrhythmus vergegenwärtigen und leise mitsprechen.

a) *Maracas*, auch „Rumbarasseln" genannt (oder: mit Erbsen, Reis oder Steinchen gefüllte Dosen, Becher oder Schachteln, die nach dem Füllen verschlossen werden):

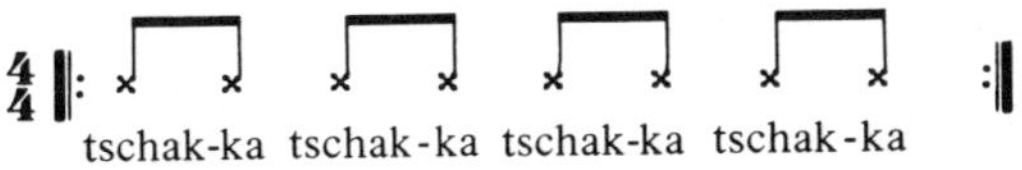

Die Instrumente werden mit *festem* Handgelenk gefaßt und aus Ober- und Unterarm heraus in einer Art „Pleuelstangen-Bewegung“ geschüttelt.
Dieser Rhythmus erscheint sehr leicht, ist aber schwierig zu spielen, da durch geringe Ungenauigkeiten in der Spielbewegung Punktierungen entstehen und das metrische Gleichmaß verloren geht. Dieser Rhythmus sollte stets von „guten“ Schülern gespielt werden.

b) *Handtrommel* o.ä. (oder umgedrehter Pappkarton, dessen Boden zum Fell erklärt wird):

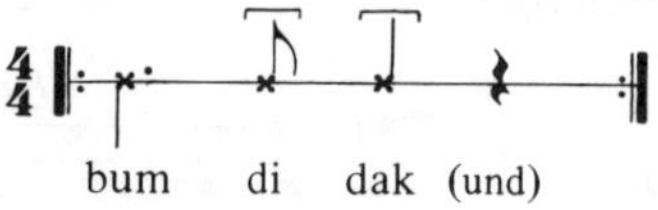

1. Schlag: rechte Hand, klingend
2. Schlag: linke Hand, auf dem Fell liegenlassen
3. Schlag: rechte Hand schlägt auf linken Handrücken

Hinweis: Das Wort „und“ im Sprechrhythmus dient der Markierung der Pause, wird zunächst mitgesprochen und sobald wie möglich weggelassen.

c) *Schellentrommel* oder *Schellenkranz* (oder auf einen Drahtring aufgezogene Kronkorken):

Die ersten drei Schläge () sind am Rand auszuführen; dann wird mit der freien Hand in einer Art „Streichelbewegung“ über die Schellen gefahren:

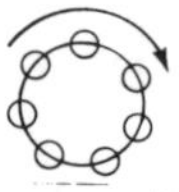

Bei Selbstbauinstrumenten muß von unten nach oben „gestreichelt“ und das Instrument senkrecht gehalten werden!

d) *Streichholzschachteln* (oder kleine Kartons, Schachteln, gefüllt mit Reis, Steinchen o.ä., aber auch ungefüllt):

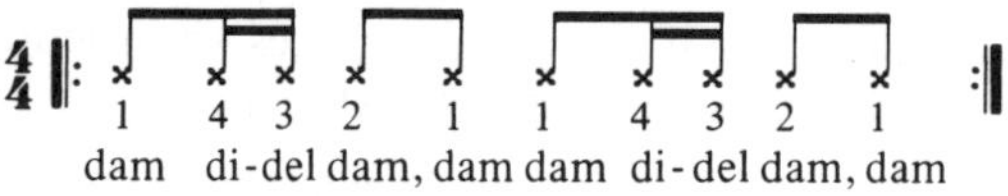

Mit den Fingern der rechten Hand wird auf die in der linken gehaltene Schachtel geschlagen. Dabei bedeuten „1“ Daumen, „4“ Ringfinger, „3“ Mittelfinger, „2“ Zeigefinger der Schlaghand.
Es ist günstig, wenn die Schlaghand dabei eine leichte Drehbewegung aus dem Handgelenk macht, so kommen die Akzente, die der Daumen setzt, besser zur Wirkung.

e) *Agogo-Bells, Wooden Agogos* (oder mit Wasser gefüllte Flaschen oder Gläser, Dosen o.ä., jeweils als Paar und etwa in einer Terz „gestimmt“):

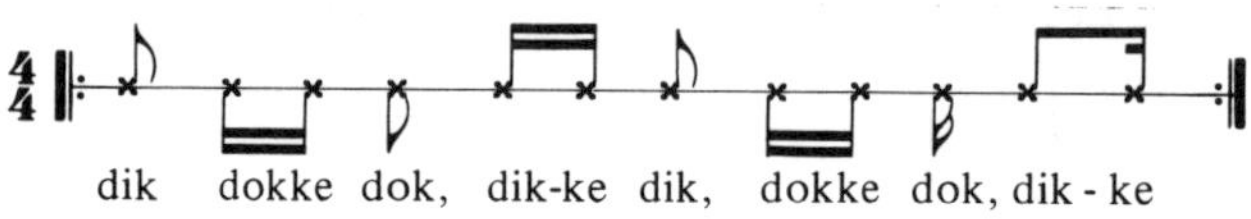

Dieser Rhythmus heißt auch „*Samba-Beat*“ oder auf Portugiesisch „Batucada“ (von batuque = schlagen).
Für diesen schwierigen Rhythmus braucht man einige Zeit und ein paar Vorübungen, die gesprochen oder auch auf eine Kuckucksterz gesungen werden können. Für ungeübtere Schüler ist der erste Text gedacht, er soll später durch den darunter stehenden ersetzt werden, der durch die perkussiven Silben dem Instrumentalklang näher ist.

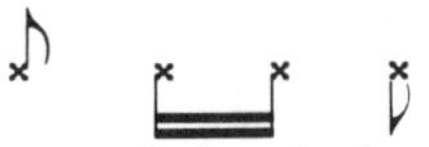

komm doch mal her
dik dok - ke dok

bit - te, komm doch mal her
dik - ke dik, dok-ke dok

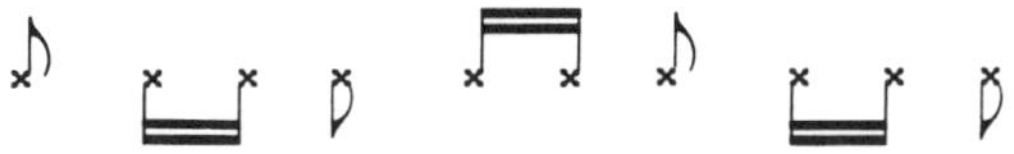

komm doch mal her, bit - te komm doch mal her
dik dok-ke dok, dik-ke dik dokke dok

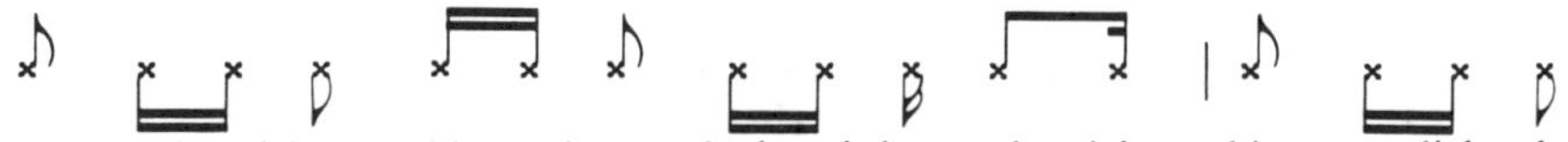

komm doch mal her, bit - te komm doch mal her, ach, ich bit - te dich sehr
dik dok-ke dok, dik - ke dik, dok-ke dok, dik - ke dik dok-ke dok

Die erarbeiteten Rhythmen werden in einer zu verabredenden Reihenfolge nach und nach zu einem rhythmischen Ostinato aufgebaut. Dann erfolgt der Liedeinsatz.
Bei der Besetzung der einzelnen Rhythmen muß darauf geachtet werden, daß alle etwa gleich laut klingen und gut hörbar sind, eventuell müssen einige Instrumente mehrfach besetzt werden.

Ungeübte Schülergruppen sollten nur zwei oder drei Rhythmen gleichzeitig spielen. Der Handtrommelrhythmus (b) sollte auf jeden Fall dabei sein, denn dieser Rhythmus ist mit dem Tanzgrundschritt der Samba identisch und verleiht dem Stück seinen spezifischen Charakter.

Erweiterungsmöglichkeit:
Als Vorspiel: ein *Signalpfeifer* mit einer Trillerpfeife pfeift kurz einen Ton (auch ein kurzes rhythmisches Motiv), ein Instrumentalist (oder eine Gruppe) beginnt improvisierend, sein (ihr) Instrument vorzustellen. Auf erneutes Pfeifen hin endigt der erste Spieler und der nächste stellt sich vor. Das wird fortgeführt, bis alle Instrumente vorgestellt sind. Die anderen können während eines solchen „Solos“ zurückhaltend ihren jeweiligen Rhythmus aus dem Ostinato spielen. Im Anschluß an dieses Vorspiel wird dann das Ostinato aufgebaut.

Paddy Works On the Railroad

Stimmklänge

Dieses Lied entstand nach 1840, als zahlreiche Iren wegen der Hungersnot in ihrer Heimat nach Amerika auswanderten. Dort fanden sie Arbeit bei den Eisenbahngesellschaften. Das Lied gehört zu den vielen „railroad songs“.

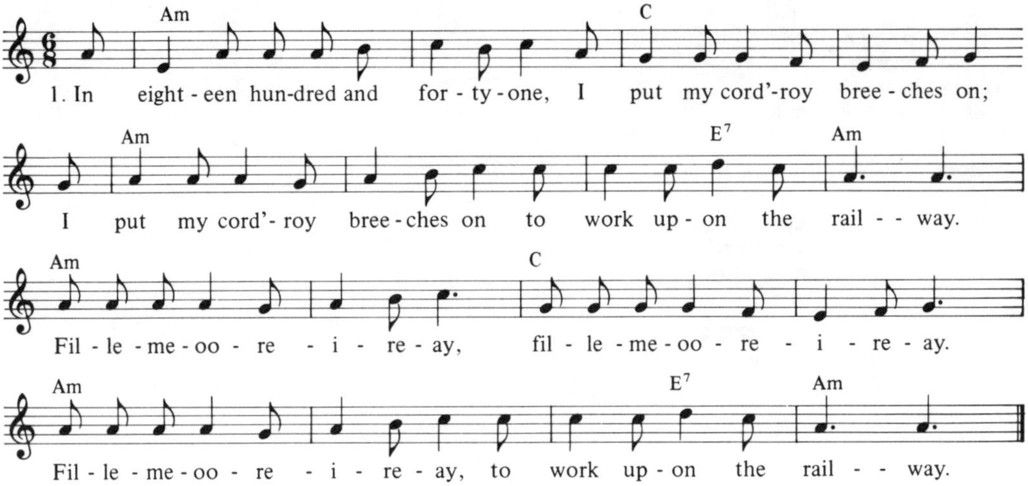

2. In eighteen hundred and forty-two,
   I did not know what I should do,
   I left the auld world for the new,
   to work upon the railway.

3. In eighteen hundred and forty-three
   'twas then I met sweet Biddy Magee,
   and an illygant wife she's been to me,
   while workin' on the railway.

(Paddy = Patrick = Spitzname für einen Iren / cord'roy = corduroy = Kord, Manchester / breeches = Hose / auld = old / Biddy = Koseform von Bridget / illygant = elegant; hier: großartig, ausgezeichnet)
Trad. aus den USA.

Begleitsatz

Stabspiele (Klavier)

Arbeitsvorschläge

Wenn keine „richtigen" Instrumente zur Verfügung stehen, kann neben Klanggesten und Umweltinstrumenten auch die Stimme für die Liedbegleitung eingesetzt werden. Dabei soll vorwiegend mit geräuschhaften Stimmklängen gearbeitet werden.

Nach einem Gespräch über den historischen Hintergrund des Liedes wird gesammelt, welche Geräusche man bei den damaligen Dampflokomotiven und den Eisenbahnwagen hören konnte. Viele dieser Geräusche kann man mit der Stimme nachahmen.

Beispiele:

a) Geräusch der Räder, wenn sie über die Schweißnähte der Schienen fahren

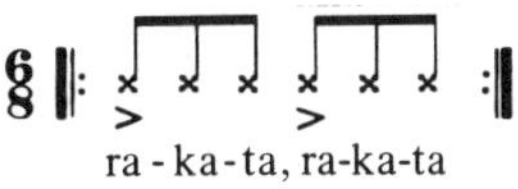

(harte Konsonanten, scharfe Akzente)

b) Stampfen der Dampfmaschinenkolben

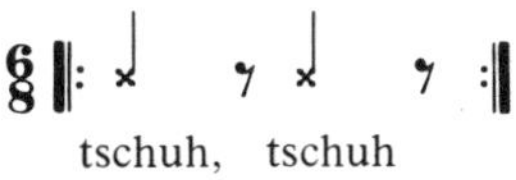

(hohles „u", runder Lippenring)

c) entweichender Dampf

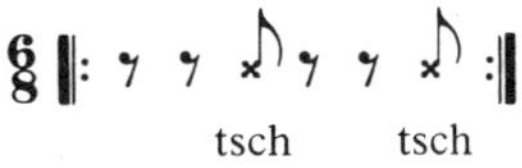

(sehr kurz und perkussiv)

d) Signalpfeife

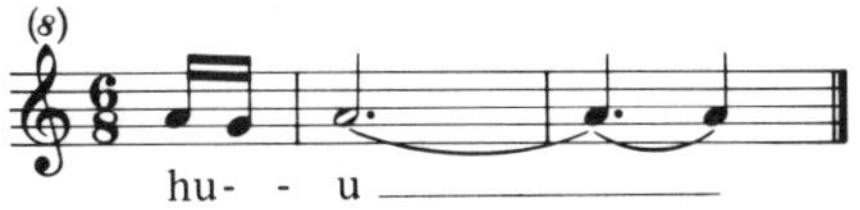

(eventuell auch gepfiffen)

Das Problem, die Vorschläge der Schüler in den Takt „einzupassen" (rascher 6/8-Takt, als 2 mal 3/8 aufzufassen), läßt sich dadurch lösen, daß die Schüler den Takt leise mitschlagen, während sie ihren Vorschlag vorführen. Meist orientieren sie sich dann an den schweren Zählzeiten, u. U. muß der Lehrer hier helfend eingreifen.

Die erprobten Klänge werden zu einer Begleitung für das Lied, zu einem Vor- und einem Nachspiel zusammengesetzt.

Beispiel

a) Liedbegleitung:

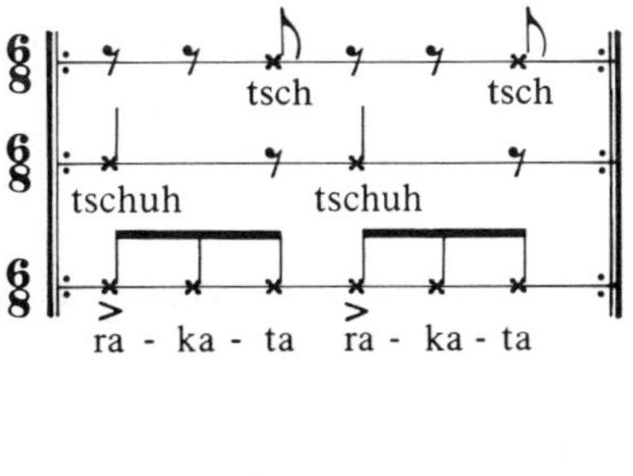

Dazu setzt gelegentlich und eher unvermittelt die „Signalpfeife“ ein, z.B. am Ende des 8. Taktes, als Auftakt zum 9. Takt.

b) Vorspiel:
Die Stimmen aus der Liedbegleitung (a) setzen *nacheinander* im Abstand von jeweils zwei Takten ein, zuletzt die „Signalpfeife“, deren Ton zwei Takte lang gehalten wird; danach folgt der Liedeinsatz.

c) Nachspiel:
Die Liedbegleitung wird weitergespielt, dabei immer leiser werdend wie ein sich entfernender Zug („fade-out“).

Erweiterungsmöglichkeit:
Zu den Stimmklängen tritt der Begleitsatz für Instrumente. In den Strophen wird nur der Baß gespielt, im Refrain alle Stimmen. Der Baß kann auch wirkungsvoll im Nachspiel weiterlaufen.

Mücken hielten Hochzeit fein

Bordun

Tschechisches Tanzlied; auffällig ist besonders die asymmetrische zweite Periode des Liedes (4 + 3 Takte).

2. Nachtigall flog auch herbei,
bracht’ ein Krüglein Wein herbei.
Mücken hielten Hochzeit fein ...

3. War’n die Mücken trunken halt;
schlugen sie den Bräut’gam bald.

4. Liegt der Mück im Kämmerlein;
weint die Braut im Hof allein.

5. Liebes Mückchen, weine nicht;
sieh, dein Bräut’gam stirbt ja nicht.

6. Doch der Mück ward nie gesund;
denn man schlug ihn todeswund.

7. Und sein Fett verkauften sie;
fünfzehn Taler kriegten sie.

Trad. aus der Tschechoslowakei. Deutscher Text aus: Luise Leonhardt: Tierlieder der Völker, Möseler Verlag, Wolfenbüttel und Zürich 1969.

Arbeitsvorschläge

Ein Bordun ist eigentlich eine liegenbleibende tiefe Stimme, vergleichbar dem Orgelpunkt. So heißen z.B. die freischwingenden tiefen Saiten der Drehleier und die tiefen Pfeifen des Dudelsacks ebenfalls Bordun. Heute versteht man darunter häufig die Begleitung durch Grundton und Quinte, entweder als ausgehaltene Töne oder auch rhythmisiert. Eine der beiden Stimmen kann sich auch in begrenztem Rahmen und meist in Stufen bewegen, man spricht dann von einem *schweifenden Bordun.*

Im Prinzip können alle Melodien, deren harmonischer Verlauf keine Modulationen aufweist, mit einem Bordun begleitet werden. Besonders geeignet sind Weisen aus Ländern, in denen Dudelsack oder ähnliche Instrumente in der Volksmusik üblich sind. Bordunbegleitung eignet sich in der Schule auch dann, wenn die Schüler nahezu keine instrumentalen Fertigkeiten vorweisen können oder keine Notenkenntnis haben. Dann läßt sich über diese Art der Begleitung relativ schnell ein Erfolg erzielen. Je nachdem, auf welchen Instrumenten musiziert wird, sollte der Bordun rhythmisiert werden. Nachklingende Instrumente (z.B. Metallophone) kommen mit einer sparsamen Rhythmisierung in längeren Notenwerten aus, andere Instrumente (z.B. Xylophone) bedürfen einer lebhafteren Rhythmisierung. Letztere ist auch dazu wichtig, die Spielaufgabe für die Schüler interessant genug zu machen. Einen Ton auszuhalten oder eine Quinte in stets gleichen Abständen anzuschlagen macht wenig Spaß; durch eine geeignete Rhythmisierung läßt sich Langeweile oder Unterforderung bei den Spielern vermeiden.

Hier zwei Vorschläge für eine Bordunbegleitung zum Mückenlied, der erste ist für nachklingende, der zweite für andere Instrumente gedacht. In beiden Vorschlägen wird für die ersten acht Takte ein *einfacher* und für den Refrainteil ein *schweifender Bordun* verwendet.

a)

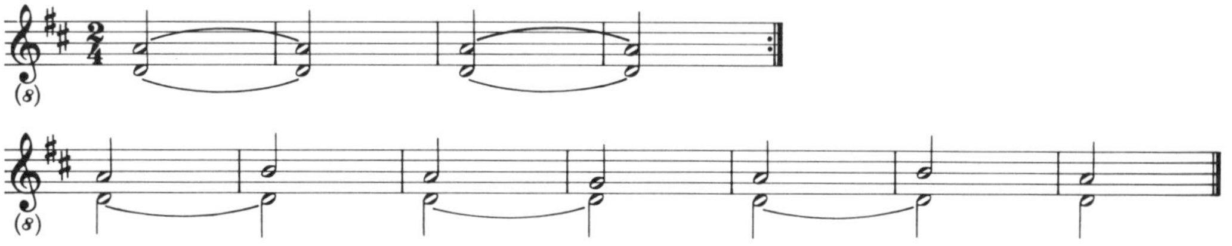

b)

Hinweis: meistens ist es günstiger, zuerst den Bordun spielen zu lassen (eventuell nur eine kleine Gruppe) und dann das Lied hinzuzufügen, da die Bordunbegleitung oft spontan nicht so sehr anspricht und die Schüler sich womöglich ein bißchen zieren, wenn sie schon die „attraktivere" Liedmelodie kennen.

Gut shabes aich

Ostinato

Israelisches Tanzlied

Blfl.

Stab-spiele

Übersetzung: Guten Tag! Euch allen einen guten Tag!
Trad. aus Israel.

Vorspiel

Coda

V'là l'bon vent

Ostinato

Alte franko-kanadische Ballade

2. Le fils du roi s'en va chassant
avec son grand fusil d'argent,
mire le noir et tue le blanc.

3. O fils du roi, tu es méchant
d'avoir tué mon canard blanc;
par-dessous l'aile il perd son sang.

4. Par les yeux lui sort des diamants
et par le bec l'or et l'argent,
toutes ses plumes s'envolent au vent.

Übersetzung:

1. Dort hinten bei uns gibt es einen Teich,
darauf schwimmen drei schöne Enten,
zwei schwarze und eine weiße.

R.: Da ist der gute Wind, da ist der hübsche Wind,
da ist der gute Wind, meine Liebste ruft mich,
... meine Liebste wartet auf mich.

2. Der Sohn des Königs geht zur Jagd
mit seinem großen silbernen Gewehr,
zielt auf die schwarze und tötet die weiße.

3. O Königssohn, du bist böse,
weil du meine weiße Ente getötet hast,
unter ihrem Flügel verliert sie ihr Blut.

4. Aus ihren Augen kommen Diamanten
und aus ihrem Schnabel Gold und Silber,
all ihre Federn fliegen im Wind davon.

Trad. aus Kanada. Deutscher Text: Wolfgang Koperski. Vgl. Schallplatte Disques Temporels GB 00005 mit Guy Béart.

Ostinato

Nachspiel

Begleitrhythmus

Klatschen 

Arbeitsvorschläge

Durch ein Ostinato wird *eine* mögliche Harmonisierung einer Melodie vorgenommen; meist eignen sich für diese Begleitform Lieder mit einem schlichten harmonischen Verlauf. Ostinati sind leicht spielbar und deshalb für Schüler mit wenig Voraussetzungen im Instrumentalspiel besonders geeignet. Um sich nicht „abzunutzen“, sollten Ostinati aber nur sparsam zum Einsatz kommen. Zudem sollten sie dem Charakter der Melodie entsprechen und diese klanglich effektvoll bereichern.

Zu „Gut shabes aich“:

- Jede der beiden Ostinatostimmen kann auch für sich allein stehen. Die Melodie kann von einer Blockflöte mitgespielt werden.
- Der Satz läßt sich auch gut als reines Instrumentalstück verwenden.
- Die Coda stellt eine andere als die bisherige Harmonisierung der entsprechenden Melodietakte dar, die sich klanglich reizvoll von dem Gleichmaß des Vorangegangenen abhebt.

Zu „V'là l'bon vent“:

- Das Ostinato ist für ein Baßinstrument gedacht, kann aber auch in Alt- oder Tenorlage gespielt werden.
- Wenn das Ostinato auf dem Klavier gespielt wird, ist auch diese Fassung denkbar:

Die nachschlagenden Achtel des Begleitrhythmus geben dem Stück einen „modernen“, fast swingenden Klangcharakter.

- Als Vorspiel eignen sich zwei Takte des Ostinatos.
- Hier noch eine Variante für den Schluß: Ostinato weiterspielen und dabei immer leiser werden, bis es „sich verloren“ hat.

Auprès de ma blonde

Kernmelodie

Altes französisches Kettenlied; man wiederholt in jeder Strophe die letzten beiden Zeilen der vorangegangenen Strophe. Die Melodie stammt wahrscheinlich aus dem 17. Jahrhundert.

2. Tous les oiseaux du monde ...
   La caill', la tourterelle
   Et la jolie perdrix.
3. ... Et ma joli' colombe
   Qui chante jour et nuit.
4. ... Qui chante pour les filles
   Qui n'ont pas de mari.
5. ... Pour moi ne chante guère
   Car j'en ai un joli.
6. ... „Dites-nous donc, la belle,
   Où donc est votr' mari?"
7. „... Il est dans la Hollande
   Les Hollandais l'ont pris."
8. „... Que donneriez-vous, belle,
   Pour avoir votre ami?"
9. „... Je donnerais Versailles,
   Paris et Saint-Denis.
10. ... Les tours de Notre Dame,
   Et l'clocher d'mon pays."

(le lilas = Flieder / le nid = Nest / la caille = Wachtel / la tourterelle = Turteltaube / la perdrix = Rebhuhn / la colombe = Taube / le mari = (Ehe-)Mann / la tour = Turm / le clocher = Glockenturm, Kirchturm / pays = Land)

Trad. aus Frankreich.

Arbeitsvorschläge
Eine einfache Instrumentalstimme für beliebige Instrumente läßt sich aus der *Kernmelodie* des Liedes gewinnen. Dazu wird die Melodie auf die Haupttöne reduziert, Umspielungen, Durchgänge u.ä. fallen fort. In der Regel fallen die Kernmelodietöne mit den betonten Zählzeiten zusammen.
Bevor das Lied selbst bekannt ist, wird auf Melodieinstrumenten die Kernmelodie zu „Auprès de ma blonde" gespielt:

Der Gesamtklang wird farbiger und voller, wenn Instrumente verschiedener Lage und Klangfarbe gemeinsam spielen.
Eine weitere klangliche Bereicherung liefert eine Triangelstimme. Da dieses Instrument völlig zu Unrecht von vielen Schülern als wenig attraktiv empfunden wird, sollte dessen Stimme einige Schwierigkeiten enthalten: Schüler nehmen diese Herausforderung meistens an und bemühen sich, dem „leichten" Instrument einen „schweren" Rhythmus zu entlocken.

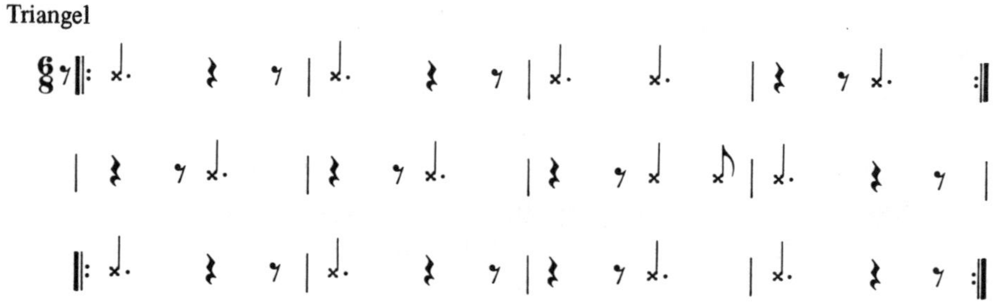

Wenn die Begleitung beherrscht wird, tritt das gesungene Lied hinzu. Die Liedmelodie kann durch ein Instrument gestützt werden, dieses muß sich dann aber klanglich gut von den anderen Instrumenten abheben.

Hab mir geschnitzt ein Weidenpfeiflein

Begleitstimme

Finnisches Volkslied; die verhalten-heitere Melodie bringt die Selbstgenügsamkeit des Hirten zum Ausdruck. Ich habe die mir von Finnen vorgesungene Melodiefassung wiedergegeben, die am Beginn des Refrains von der durch Gottfried Wolters bekannten leicht abweicht (c″ statt e″). Es ist üblich, bei der Wiederholung des Refrains etwas auf dem ersten Ton zu verweilen.

2. Bin ich im Walde, blas ich mein Pfeiflein,
   aber nur am stillen Abend.
   Hei, soreasti, koreasti, pili, ni soipi,
   aber nur am stillen Abend.

3. Und meiner Herde Glocken läuten,
   klingen nur mit von ferne.
   Hei, soreasti, koreasti, pili, ni soipi,
   klingen nur mit von ferne.

*) Hei, anmutig schön klingt meine Pfeife ...

Trad. aus Finnland. Deutscher Text: Gottfried Wolters, aus: Das singende Jahr, Möseler-Verlag, Wolfenbüttel/Zürich 1969.

Arbeitsvorschläge

Steht nur ein Instrument zur Verfügung oder soll die Begleitung möglichst sparsam und unaufdringlich sein, genügt eine einzelne Begleitstimme. Diese braucht sich nicht unbedingt an das Harmoniegerüst der Melodie zu halten. Oft sind überraschende Führungen und Reibungen mit der Melodie gerade von besonderem Reiz. Durch entfernte Lagen oder geeignete Klangfarben lassen sich Reibungen zusätzlich mildern.
Die Melodie des Liedes hat einen etwas melancholischen Charakter, dieser wird in der Begleitstimme durch Reibungen (z.B. c gegen h), aber auch durch den Einklang mit der Melodie am Schluß unterstrichen.

Mögliche Besetzung: Sopran-Glockenspiel, Sopran-Blockflöte, aber auch Baß- (Kontrabaß-) Xylophon.

Die Besetzung könnte in jeder Strophe oder sogar zwischen Strophe und Refrain wechseln, wobei im Refrain jedesmal dasselbe Instrument, z. B. ein Baßxylophon, zum Einsatz kommen sollte. So können mehrere Schüler beteiligt werden.

In der Erarbeitungsphase sollte in Zweitaktgruppen vorgegangen werden: Metrum schlagen – Rhythmus schlagen – Notennamen feststellen und auf dem Instrument die entsprechenden Töne suchen – Melodieteil spielen. Jeder Melodieteil wird oft und von verschiedenen Spielern wiederholt, dann werden die Teile nach und nach zusammengesetzt. Die Noten dienen als *optische Merkhilfe*, auch wenn die Schüler nach einiger Zeit auswendig spielen!

Straßen auf und Straßen ab

Baßstimme

Poetisches Lied aus Spanien. Rhythmische und harmonische Gestaltung der Melodie sind typisch für viele spanische Volkslieder: Rückung von G-Dur nach E-Dur (in Takt 9/10); Harmoniefolge Am | G | F | E im Schlußteil (Flamenco-Schema), Triole (in Takt 9).

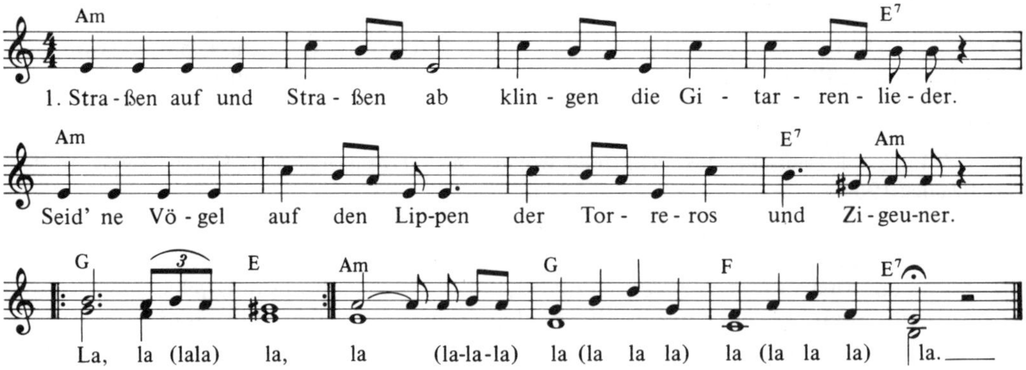

2. Ebro auf und Ebro ab,
in der Stunde der Orangen
lockt die Sonne Kataloniens
mit den Rhythmen der Gitarren.

3. In den Höfen der Paläste
bröckelt von vergilbten Mauern
Schweigen; die Gitarrenlieder
klingen nicht in Saragossa.

Trad. aus Spanien. Deutscher Text: Rechte unbekannt, mitgeteilt von Hanna Stengel, Flensburg, 1976.

Begleitrhythmus

Kastagnetten/
Claves

Arbeitsvorschläge
Eine Baßstimme orientiert sich am harmonischen Verlauf der Melodie und bewirkt oft schon eine wesentliche klangliche Bereicherung. Hochfrequente Töne sind in den Baßtönen als Obertöne enthalten und werden so durch eine Baßstimme verstärkt und klanglich „abgerundet“, der Baß stützt quasi „von unten“ den Gesang.

Die folgende Baßstimme zu „Straßen auf und Straßen ab“ ist für Schüler nicht einfach zu überblicken. Deshalb bietet es sich an, sie auf vier Spieler zu verteilen: die ersten drei spielen jeweils eine Viertaktgruppe, der vierte den Schluß: Flamencoschema, E-Dur-Dreiklang und abschließenden Durchgang.

(ad. lib. auch 1 Oktave tiefer)

Die Baßstimme sollte erst erarbeitet werden, wenn das Lied bekannt ist. Die Schüler haben dann schon eine gewisse „harmonische Klangerwartung“, die bei der Orientierung und bei den Harmoniewechseln Sicherheit gibt.

Um das Lied nicht auf dem Dominantakkord enden zu lassen, hier ein Vorschlag für den *Abschluß* des Liedes *nach der dritten Strophe:*

Der angegebene Begleitrhythmus sollte nur von *einem* Spieler ausgeführt werden; rhythmische Ungenauigkeiten mehrerer Spieler würden die Prägnanz des Rhythmus gefährden.

Erweiterungsmöglichkeit:
Zur Baßstimme können die Begleitakkorde treten, in Viertelnoten auf Gitarren, Xylophonen oder Klavier gespielt.

A Railroader For Me

Akkordbegleitung

Eisenbahnersong aus den USA, in dem in augenzwinkernder Naivität die Vorzüge eines richtigen „railroaders“ geschildert werden. Strophen und Refrain werden auf dieselbe Melodie gesungen.

1. I would not marry a blacksmith,
he's always in the black,
I'd rather marry an engineer,
that throws the throttle back.

2. I would not marry a farmer,
he's always in the dirt,
I'd rather marry an engineer
who wears a striped shirt.

3. I would not marry a cowboy
a-ridin' the western plain,
I'd rather marry an engineer
who wears a big watch-chain.

4. I would not marry a sheriff,
for he is sure to die,
but I would marry a railroader
who has them pretty blue eyes.

5. I would not marry a preacher,
he preaches too much hell,
I'd rather marry a railroader
who rings the engine bell.

6. I would not marry a gambler
who's always drinkin' wine,
I'd rather marry a railroader
who drives the forty-nine.

7. Father, oh dear father,
forgive me if you can,
if you ever see your daughter again,
it'll be with a railroadman.

Trad. aus den USA.

Arbeitsvorschläge

Aus den der Melodie beigegebenen Akkordsymbolen lassen sich Begleitsätze für verschiedene Instrumente ableiten. Bei der Erarbeitung spielen metrisch-rhythmische Vorübungen eine wichtige Rolle.

Damit beim Musizieren der schwungvolle Charakter der Melodie nicht verlorengeht, wird zunächst das Metrum befestigt:

a) patch (Schlag mit beiden Händen auf die Oberschenkel):

b) patch und clap (Klatschen), die geklatschten Zeiten sind sehr leicht zu nehmen:

c) Übertragung auf Handtrommel und Schellenkranz (-trommel):

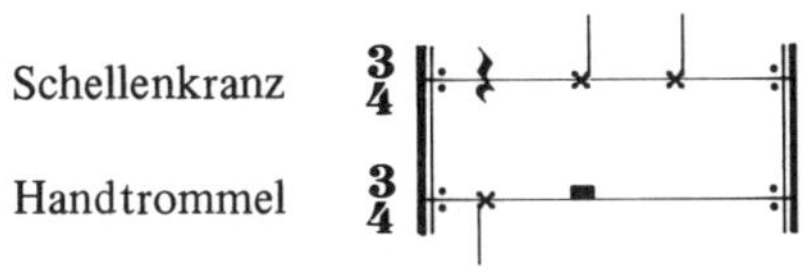

An dieser rhythmischen Begleitung orientieren sich die folgenden Instrumentalstimmen. Der Satz ist in erster Linie für Stabspiele gedacht.

Baß und Glockenspiele können sich gut an der Handtrommel, die Xylophone am Schellenkranz orientieren.

Danach wird das Lied erarbeitet und zum Instrumentalsatz gesungen. Eine kleine Gruppe sollte die metrisch-rhythmische Begleitung spielen, um ein gutes Zusammenspiel aller zu unterstützen.
Die Liedstrophen sollten wechselnden Vorsängern, der Textaussage wegen am besten Mädchen, übertragen werden, den Refrain singt die ganze Klasse. Die Gruppe der Instrumentalisten braucht nicht groß zu sein, die Spieler können erfahrungsgemäß nach einiger Übung auch während des Spielens mitsingen.

Keen Graff is so breet

Akkordbegleitung

Hannes Wader hat das plattdeutsche Gedicht von Klaus Groth (geb. 1819 in Heide, gest. 1899 in Kiel) einem Teil der Melodie des Liedes „Farewell Angelina“ von Bob Dylan unterlegt.

2. Keen Wedder so gruli, so düster keen Nacht,
wenn Twee sik man sehn wullt, so seht se sik sach.

3. Dat gift woul en Maanschin, dar schint wul een Steern,
dat gift noch en Licht oder Lücht un Lantern.

4. Dar finnt sik en Ledder, en Stegelsch un Steg,
wenn Twee sik man leef hebbt – keen Sorg var den Weg.

Text: Klaus Groth, Melodie: Bob Dylan, Textunterlegung: Hannes Wader, vgl. Schallplatte Philips 6305218.

Arbeitsvorschläge

Der Satz ist bewußt schlicht gehalten, um die zarte Stimmung des Liedes zu erhalten. Entsprechend sollte auch die Besetzung gewählt werden:

Zum Gesang kann *eine* mitspielende Blockflöte treten.
Die *Akkorde* sollten von nachklingenden Stabspielen, Klavier oder Streichinstrumenten übernommen werden.
Für Stabspiele: die einzelnen Stimmen auf verschiedene Spieler verteilen.
Für die *Baßstimme* eignen sich Baß-Xylophon, Klavier, Gitarre oder Kontrabaß (ggf. mit entsprechend umgestimmten leeren Saiten zu spielen).
Alle Begleitstimmen können auch auf Tonsilben gesungen oder gesummt werden, eventuell zusätzlich zu den Instrumenten.
Ein schlichter Satz sollte durch sparsam eingesetzte „Effekte" aufgelockert werden. Hier übernimmt der Triangelrhythmus diese Aufgabe. Das Instrument muß, um zart zu klingen, mit einem *dünnen* Metallstab, z. B. einer Stricknadel, angeschlagen werden.
Die echohafte Passage (Takte 5 bis 7) muß deutlich leiser gespielt werden. Bei Stabspielen empfiehlt sich u. U. ein Wechsel der Schlägel (z. B. Gummikopfschlägel für Glockenspiele).

Der *wiegende, schwingende Charakter* der Melodie wird im Begleitsatz gewahrt. Dies kann mit einer *Schlagübung* vorbereitet werden, die zudem auch die Anschlagtechnik an Stabspielen verbessern hilft. Es handelt sich um eine *Dirigiergeste*, die zwei Takte umfaßt:

rechte Hand:

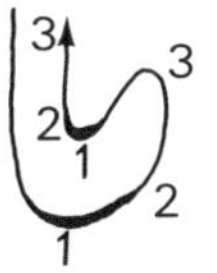

(linke Hand spiegelbildlich dazu)

Am unteren Wendepunkt der jeweiligen Bewegung liegt die „1", der Wendepunkt muß deshalb energisch federnd erreicht werden. Dazu hilft die Vorstellung, die Hände seien an der Decke des Raumes mit Gummibändern befestigt. Für eine Abwärtsbewegung ist ein Kraftaufwand erforderlich, aufwärts werden die Hände quasi gezogen bzw. sie schnellen zurück. Zu dieser Schlagübung wird die Melodie gesungen.
Die Instrumentalisten können die federnde Dirigierbewegung auf ihre Spielbewegung übertragen: am Wendepunkt der Dirigiergeste trifft der Schlägel auf das Instrument und federt dann wieder ab.

I Walk the Line

Akkordbegleitung/Wechselbaß

Lied von Johnny Cash, einem der großen Stars der Country- und Westernmusik.

2. I find it very, very easy to be true,
I find myself alone when each day is through.
Yes, I'll admit that I'm a fool for you.
Because you're mine, I walk the line.

3. As sure as night is dark and day is light,
I keep you on my mind both day and night.
And happiness I've known proves that it's right.
Because you're mine, I walk the line.

4. You've got a way to keep me on your side.
You give me cause for love that I can't hide.
For you I know I'd even try to turn the tide.
Because you're mine, I walk the line.

Vgl. Schallplatte CBS S 63062.

Begleitrhythmus

Klatschen/snare drum 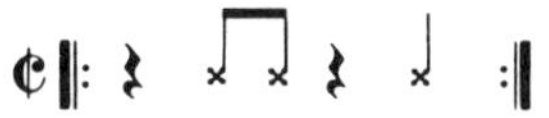

Arbeitsvorschläge

Ein Wechselbaß, d.h. ein Baß, der zwischen Grundton und Quinte der jeweiligen Begleitharmonie abwechselt, verleiht einem akkordischen Satz eine gewisse Motorik und läßt ihn lebhafter wirken.

Die Wechselbaßstimme kann auf einem Baß-Xylophon mit zwei Schlägeln gespielt werden, wobei die linke Hand „weitere Wege" zu spielen hat als die rechte. Der Spieler muß deshalb „vorausschauenden Augenkontakt" nach der linken Seite halten.

Natürlich kann der Baß auch auf dem Klavier gespielt werden, auch von Nicht-Pianisten. Für solche müssen die entsprechenden Tasten eventuell mit Markierungen (Klebepunkten o.ä.) versehen werden. Der Spieler spielt dann mit den Zeigefingern beider Hände, als seien diese Stabspielschlägel.

Die Akkorde der Mittelstimme können – wie notiert – ganztaktig auf nachklingenden Stabspielen gespielt werden. Auf Xylophonen empfiehlt es sich, nachschlagende Viertel auf „2" und „4" zu spielen (after beat). Werden Gitarren verwandt, könnte dieser Rhythmus zugrundegelegt werden:

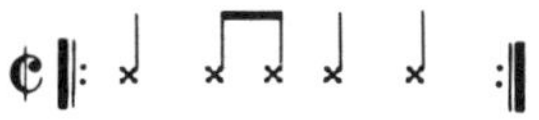

Der Schlagrhythmus bietet sich auch für die geschlossene Hi-Hat oder das Becken an.

Beim Gesang kann man versuchen, Johnny Cashs *Gesangsstil* zu imitieren: relativ steif und unbeweglich bleibender Unterkiefer, Tongebung rauh und „brummig", Intonation nicht ganz sauber, mit leicht absackender Tendenz; Vokale an den Zeilenenden recht früh verlassen, auf dem klingenden Konsonanten kurz verweilen und dann, entsprechend den verbleibenden Notenwerten, pausieren. Das eigene Musizierergebnis kann man aufnehmen und mit der Originalaufnahme von Johnny Cash vergleichen.

Einen befriedigenderen Schluß erzielt man, wenn die letzten vier Takte mit der Textzeile „Because you're mine, I walk the line" noch einmal wiederholt werden.

Bloots een Peer

Vor-/Nach-/Zwischenspiel

Neueres plattdeutsches Weihnachtslied im Stil eines Holsteiner Tanzes

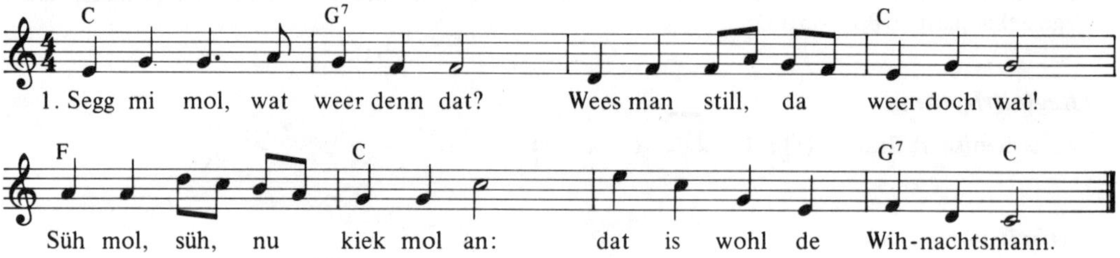

2. Kumm man rin und sett di dal,
hör mol to und segg mi mol,
hest du denn ok wat för mi,
een so'n groten Hottehüh!

3. Een mit Kopp un Been un Steert,
een de hundert Daler wert,
een de spring'n un loopen deit,
un de Oogen bannig dreiht.

4. Hest du so'n, nu bring man her,
ik hebb bannig Lust to Peer.
Widder bruk ik dann ok nix,
bloots een Peer, heel krall uns fix.

Text: Hans Hansen-Palmus, Melodie: Otto Tenne (Manuskript O. T.).

Begleitrhythmen

Claves

Schellenkranz

Arbeitsvorschläge
Bausteine aus der Liedmelodie lassen sich für Vor-, Nach- oder Zwischenspiele nutzen, die dann den Gesang umrahmen.

Vorspiel:
Hier werden die Schlußtakte des Liedes benutzt: die letzten zwei Takte werden leicht variiert und noch einmal wiederholt.

Nachspiel:
Bis auf den Schluß ist das Nachspiel mit dem Vorspiel identisch. Durch die Pausen wird die Schlußwirkung verstärkt, es handelt sich um eine Art „auskomponiertes Ritardando".

Zwischenspiel:
Die Liedmelodie ist hier rhythmisch vereinfacht und auf die Haupttöne reduziert, die letzten beiden Takte sind mit der Melodie identisch.

Vor-, Nach- und Zwischenspiel können auf beliebigen Instrumenten gespielt werden. Die Schlagbegleitung sollte nur von wenigen Spielern ausgeführt, u. U. auch weggelassen werden.

Das Zwischenspiel ist relativ lang, vielleicht sollte es nur einmal erklingen, z. B. zwischen der 2. und 3. Strophe.

Wenn die Instrumentalteile *vor* dem Lied erarbeitet werden, ist dessen leichte Melodie schon so gut wie bekannt und kann recht schnell ersungen werden.

Il est né le divin Enfant

Verschiedene Satzelemente

Französisches Weihnachtslied

Blfl. Xyl. Gl.

Gl. (solo od. à 2)

Trgl.

Met.

Pk. F C

Baß-Xyl.

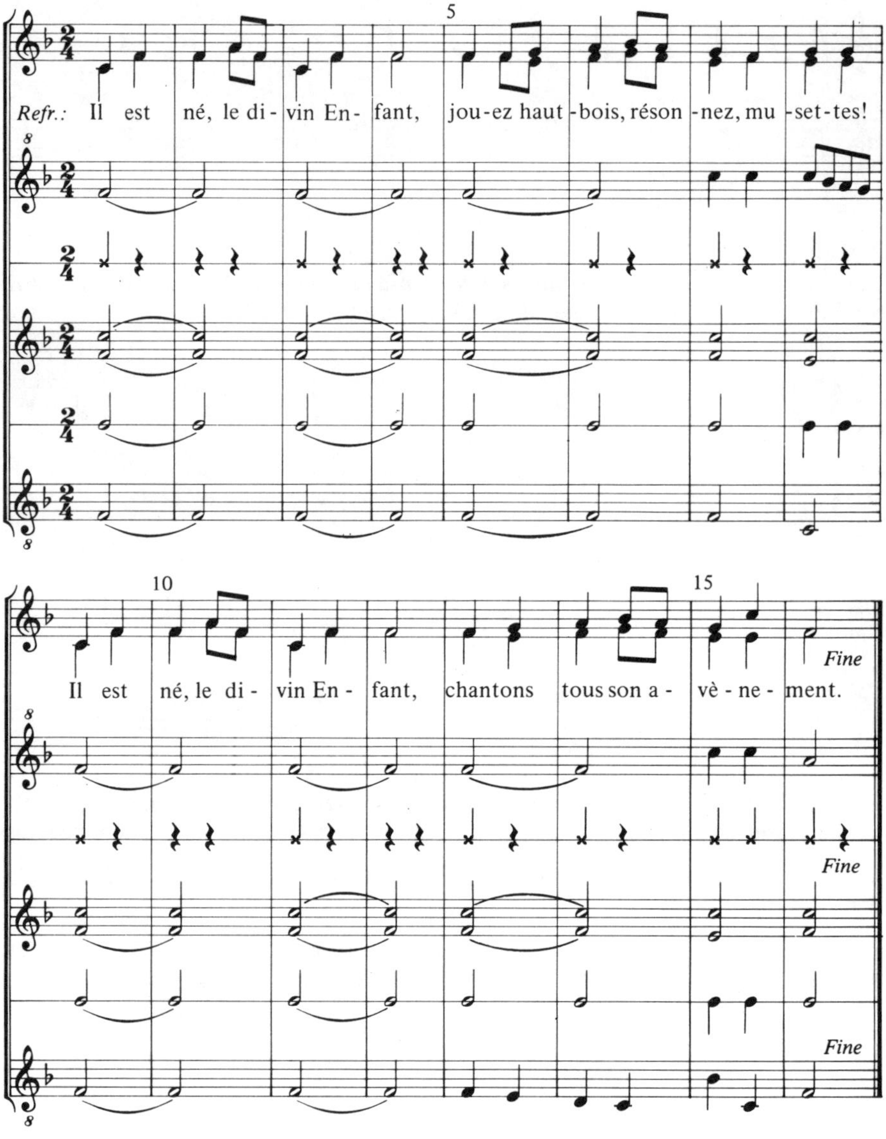

Deutscher Text:

R.: Gottes Kind ist uns heut geborn,
singet und klinget, ihr Flöten, Pfeifen!
Gottes Kind ist uns heut geborn,
freuet euch und sagt es laut.

ab T. 17 ad. lib.:

1. Seit viertausend Jahren schon
ist sein Kommen uns versprochen,
seit viertausend Jahren schon
warten wir auf diesen Sohn.

2. Une étable est son logement,
un peu de paille est sa couchette,
une étable est son logement,
pour un Dieu quel abaissement.

2. Wohnt im Dunkel des armen Stalls,
liegt auf Stroh in der Futterkrippe,
wohnt im Dunkel des armen Stalls,
kleiner Mensch – Herr des großen Alls.

3. O Jésus, ô Roi tout-puissant,
tout petit enfant que vous êtes,
ô Jésus, ô Roi tout-puissant,
régnez sur nous entièrement.

3. Herr, du wurdest ein Kind für mich,
du Allmächtiger und Gebieter,
Herr, du wurdest ein Kind für mich,
will dir dienen und lieben dich.

Trad. aus Frankreich. Deutscher Text: Brigitte Lentze, aus: Die Welt im Lied, Verlag Moritz Diesterweg, Frankfurt/M.

Arbeitsvorschläge

Verschiedene Elemente kommen in dem vorliegenden Satz zusammen: die Melodie ist mit einer zweiten Stimme versehen (häufig in Terzen parallel geführt), dazu kommt ein Bordun im Refrain und eine lebhaftere Baßstimme in den Strophen. Die Paukenstimme für die Strophen (ad lib.) sorgt durch die Synkopierung dafür, daß in diesem Teil die Schwere der „1" teilweise aufgehoben wird.
Refrain und Strophen werden gemäß dem melodischen Gestus verschieden begleitet: im Refrain ist die Besetzung aufwendiger, um einen „großen" Klang hervorzurufen, die Strophen weisen eine kleine Besetzung auf, damit der Text besser zur Geltung kommt.
Jede der Begleitstimmen kann auch für sich allein stehen, bzw. einzelne Stimmen können weggelassen werden.

Zunächst wird die *Liedmelodie* erarbeitet, dazu spielt ein Instrument die Melodie mit. Später tritt die *zweite Stimme* dazu, gesungen oder instrumental ausgeführt. Besonders reizvoll klingen eine Sopran- und eine Altblockflöte für diese beiden Stimmen.

Dann sollte die *Baßstimme* hinzutreten, sie sollte wegen der Sprünge und Durchgänge ab Takt 13 mit zwei Schlägeln gespielt werden. Dazu kommt die Paukenstimme, die den Baß gegebenenfalls auch ersetzen kann. Die gestimmten Pauken können auch durch Kontrabaßstäbe ersetzt werden.

Nachdem die Außenstimmen erarbeitet sind, wird der Satz klanglich durch die *Stabspielstimmen* in der Mittellage aufgefüllt. Die *Solo-Glockenspielstimme* muß sich deutlich abheben können; dies läßt sich durch geeignete Wahl der Lage oder andere Schlägel erreichen.

Die *Triangelstimme* bildet das „i-Tüpfelchen", sie sollte nur einfach besetzt werden, um nicht zuviel klangliches Gewicht zu erhalten.

Es empfiehlt sich, Viertaktgruppen zu üben und dabei jedesmal den Satz vollständig zusammenzustellen. Dadurch ist am Ende jeder Übungsphase ein Teil des Stückes „gekonnt" und den Schülern in seiner Endgestalt „vor Ohren". So wirkt das Üben nicht so mühsam, und am Ende einer Unterrichtsstunde steht ein wenn auch kleines Ganzes, was insgesamt der Motivation zum Weiterüben förderlich ist.

Rosel, wenn du meine wärst

Verschiedene Satzelemente

Necklied aus Schlesien, das auch in der Mark Brandenburg, in Pommern und Ostpreußen bekannt ist, dort zum Teil in anderen Text- bzw. Melodiefassungen. Anstelle des Namens „Rosel“ taucht oft „Rusla“ auf.

2. Deinen Willen tu ich nicht, nu ja ja, nu ja ja,
schlag dir lieber ins Gesicht, nu ja ja, ja.
3. Rosel, pflück dir Kränzelkraut, nu ja ja, nu ja ja,
du sollst werden meine Braut, nu ja ja, ja.
4. Kränzelkraut, das pflück ich nicht, nu ja ja, nu ja ja,
ich bin jung und heirat' nicht, nu ja ja, ja.
5. Bist du jung und heiratst nicht, nu ja ja, nu ja ja,
bin ich stolz und mag dich nicht, nu ja ja, ja.

Text und Melodie: aus Schlesien; aus: Beiheft zur LP II „Volkslieder aus Schlesien“, Schallplattendokumentation „Volkslieder aus den deutschen Vertreibungsgebieten“, DGG 06 54071-3, Hg.: Herbert Wilhelmi.

Liedbegleitung

a) Xylophone/Metallophone

b) Metallophone

c) Pauken

Begleitrhythmus

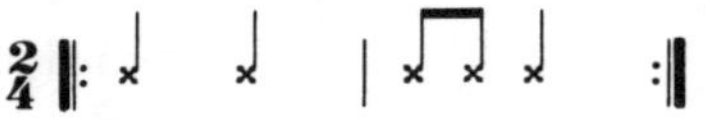

Vorspiel

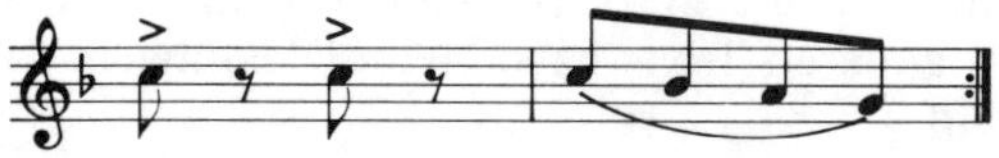

Nachspiel

Arbeitsvorschläge

Einfache, aus der Melodie bzw. ihrem harmonischen Verlauf abgeleitete Begleitelemente lassen sich verschiedenartig miteinander kombinieren bzw. liefern ein Vor- und ein Nachspiel. Durch verschiedene stimmliche und instrumentale Besetzung der einzelnen Strophen können viele Schüler beschäftigt werden und eine sinnvolle, leicht überschaubare Aufgabe erhalten. Wenn die Besetzung oft wechselt, sollte ein Plan an der Tafel notiert werden, an dem sich die Schüler orientieren.

Hier ein *Vorschlag*:

Vorspiel: wird unisono von allen Instrumenten gespielt.

Lied:
- Gesang, eventuell durch ein Melodieinstrument verstärkt;
- dazu Wechselbaß mit nachschlagenden Akkordtönen, auf Xylophonen und Metallophonen gespielt (a);
- Gesang wechselt strophenweise: 1., 3. und 5. Strophe Jungen, 2. und 4. Strophe Mädchen;
- analog wechselt auch die Begleitung: wenn die Jungen singen, kommt zu (a) die Paukenstimme (c) dazu, wenn die Mädchen singen, der Bordun (b):
- der Begleitrhythmus wird stets gespielt; er könnte z. B. von den Sängern geklatscht werden.

Nachspiel: Unisono aller Instrumente.

Natürlich kann auch jedes der Begleitelemente für sich allein stehen.

2.5. Spiel – Szene – Tanz

In diesem Kapitel geht es um eine Reihe von Möglichkeiten der Arbeit am Lied, die nicht alle im strengen Sinne musikalischer Natur sind, wenn sie auch aus der musikalischen Struktur erwachsen oder dieser entsprechen. Einige lassen sich vom Text des Liedes herleiten.

Alle vorgeschlagenen Aktivitäten bieten erweiterte Möglichkeiten, an und mit einem Lied zu arbeiten, einige eignen sich zur Vorführung bei einem entsprechenden Anlaß.

Im Mittelpunkt steht stets der Spaß an musikalischen oder musikalisch beeinflußten Aktionen, die das Liedsingen bereichern. Außerdem wird so das Lied und damit indirekt auch das Singen dieses Liedes „positiv besetzt", d.h. die Schüler verbinden positive Erlebnisse mit dem Bereich Lied und Singen. Damit wird nicht zuletzt ihre Motivation zum Singen günstig beeinflußt.

Übersicht

Lied	*Aspekt*
Rundadinella	Rundgesang
Schusters Morgenlied	Spiel mit dem Text
Michael Finnigin	Moritat / Bilder zum Lied
Hello! Ma Baby!	Gesten zum Lied / Spielszene
Ici dans cette grande salle	Pantomime
Ist es noch weit nach Bethlehem?	Spielszene
Instrumentenbastelsong	Instrumente bauen / Spielszene
Cindy	Circle Dance
Tango facile	Standardtanz / Mixer

Rundadinella

Rundgesang

Dieses Lied findet sich bei Nicolaus Zangius, Nürnberg 1609.

2. Ist einer hier im Kreis,
der eins zu singen weiß?

Weitere Strophen selbst erfinden, z.B. (Verse im Unterricht entstanden):

Es singt der ganze Saal
dies Liedchen noch einmal.

Sogar im tiefen Wald
die Melodie erschallt.

Das Baby von Frau Schmidt
wacht auf und singt auch mit.

Verwundert schau ich drein,
fällt auch der Opa ein.

Gut singt die Kunigund
nur mit Bonbons im Mund.

Susanna, hör mich an,
wann nimmst du mich zum Mann?

Ich hab 'nen roten Hut,
der steht mir bannig gut.

He Klaus, was denkst du denn,
wir sind hier nicht zum Penn'n!

Koperski kann nicht sing'n,
wir werden's ihm beibring'n!

Nun ist das Liedchen aus,
wir gehen all' nach Haus.

Arbeitsvorschläge
Beim Einstudieren des Liedes kann die Rolle des Vorsängers auch von einer kleinen Gruppe übernommen werden.
In einer Stillarbeitsphase, eventuell auch in Kleingruppen, oder als Hausaufgabe erfinden die Schüler selbst weitere Strophen. Unter Umständen gibt der Lehrer Hilfestellung beim Einhalten des Versmaßes.

Einige der neuen Strophen werden mit der ganzen Klasse erprobt.
Dann stellen sich alle in einem großen Kreis auf. Während des Singens geht ein Gegenstand, z.B. ein kleiner Ball, von Hand zu Hand. Wenn eine neue Strophe beginnt, ist derjenige, der gerade den herumgehenden Gegenstand in der Hand hat, der neue Vorsänger. Wenn er nicht gleich eine neue Strophe weiß, wird einfach die 2. Strophe erneut gesungen. Das Lied muß immer weitergehen! Keine Unterbrechungen! Wer schon einmal Vorsänger war und erneut drankommt, gibt den Gegenstand an jemand anderen weiter. Der Rundgesang endet, wenn jeder einmal Vorsänger war bzw. wenn keinem mehr eine neue Strophe einfällt. Schlußstrophe z.B.:

Ihr Leute, habet Dank
für diesen Rundgesang.

Schusters Morgenlied

Spiel mit dem Text

Scherzhaftes Lied aus Spanien

2. O Juana, du, ein paar Schnallenschuh
schneid ich dir im Nu heut noch zu,
mit Bändern schön, lustig anzusehn:
Wolln zum Tanze gehn, ich und du.

(„Juana" gesprochen: „Chuana")

Trad. aus Spanien. Deutscher Text: Hannes Kraft, aus: Gottfried Wolters (Hg.): Das singende Jahr, Möseler Verlag, Wolfenbüttel und Zürich 1953, Liedblatt 33.

Arbeitsvorschläge
Bei der Einführung des Liedes wird als metrische Stütze der Takt auf Körperinstrumenten mitgeschlagen:

Bei dem folgenden Spiel mit dem Text wird die erste Strophe zugrundegelegt: Nach und nach sollen einzelne Wörter durch entsprechend viele Silben oder Nonsensewörter ersetzt werden.
Dazu schlägt ein Schüler ein Wort und die entsprechenden Silben, die es ersetzen sollen, vor. Beispiel: statt „Juana“ soll „bim bam“ gesungen werden. Das Lied wird mit dieser Textveränderung gesungen. Danach schlägt ein anderer Schüler ein weiteres Wort und dieses ersetzende Silben vor. Im nächsten Durchgang sind dann schon zwei Wörter aus dem Text durch andere Silben ersetzt. So werden nun immer mehr Wörter aus dem Originaltext verändert, bis schließlich ein ganz neuer Text entstanden ist.
Da es sicher nicht leicht ist, sich alle Ersetzungen zu merken, sollten jeweils vor dem erneuten Singen alle Textveränderungen von ihren Urhebern noch einmal genannt werden. Um eine zu große Verwirrung zu vermeiden, sollte man die Anzahl der zu ersetzenden Wörter vorher begrenzen (nicht mehr als etwa 8 Wörter).
Varianten:
a) Die Wörter aus dem Originaltext können auch anders ersetzt werden: durch „hm, hm“, durch Pausen oder aber auch durch andere „normale“ Wörter.
b) Die Wörter werden durch Pausen (vgl. „Jetzt fahrn wir übern See“) und eine stereotype Geste (Klatscher, Armbewegung o.ä.) ersetzt.
Das Spiel wird noch spannender, wenn man vereinbart, daß derjenige, der sich „versingt“, ein Pfand geben muß.
Mit der zweiten Liedstrophe kann in gleicher Weise gespielt werden.

Michael Finnigin

Moritat/Bilder zum Lied

Muntere Tanzweise aus Irland, deren Text seinen Reiz aus dem erzwungenen Reim auf den Namen „Finnigan“ bezieht.

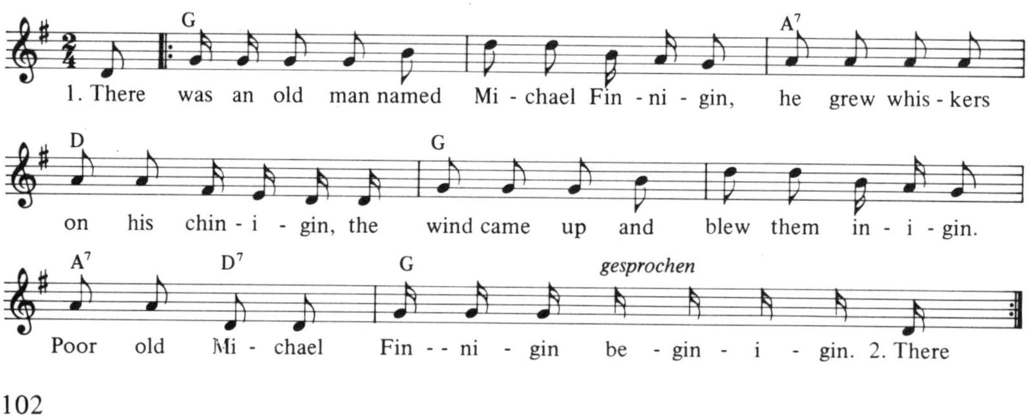

2. There was an old man named Michael Finnigin,
he got drunk through drinkin gin-i-gin,
thus he wasted all his tin-i-gin,
poor old Michael Finnigin, begin-i-gin.

3. There was ...
he kicked up an awful din-i-gin,
because they said he must not sin-i-gin,
poor old ...

4. There was ...
he went fishing with a pin-i-gin,
caught a fish but dropped it in-i-gin,
poor old ...

5. There was ...
climbed a tree and barked his shin-i-gin,
took off several yards of skin-i-gin,
poor old ...

6. There was ...
he grew fat and then grew thin-i-gin,
then he died and had to begin-i-gin,
poor old ...

(whiskers = Barthaare / chin = Kinn / in-i-gin = in again / tin = hier: Kleingeld / din = Getöse, Lärm / pin = Nadel / to bark = abschürfen / shin = shinbone = Schienbein)

Trad. aus Irland.

Begleitsatz

Stabspiele/Klavier

Schlaginstrumente

a) 

b) 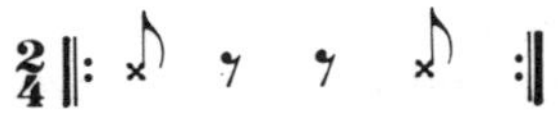

Arbeitsvorschläge
Zu den einzelnen Strophen werden großformatige Bilder gezeichnet, die während des Singens wie bei einer Moritat gezeigt werden. Ein Schüler zeigt jeweils mit gewichtiger Miene mit einem Zeigestock auf das gerade zutreffende Bild. Sollen die Bilder für jedermann besonders gut zu sehen sein, bietet sich an, sie als Dias abzuphotographieren und an eine Leinwand zu projizieren. Wem es nicht auf die Farben ankommt, kann die Bilder auch auf Tageslichtprojektorfolien kopieren. So ist auch eine Aufführung in hellen Räumen möglich.

Das Wort „begin-i-gin" am Ende jeder Strophe sollte von einer kleinen Gruppe oder einem stimmkräftigen Solisten gesprochen werden, damit den Sängern mehr Zeit zum Nachatmen bleibt.

Das Lied hat die Tendenz, immer schneller gesungen zu werden, deshalb sollte schon beim Einüben ein nicht zu schnelles Tempo gewählt werden. Auch der angegebene Begleitsatz kann dabei helfen, das Tempo zu halten.

Da das Lied eigentlich keinen „richtigen" Schluß hat, sondern von vorn beginnt, hier ein Vorschlag für einen Schluß: nach der 6. Strophe wird die Melodie gepfiffen und dabei die Lautstärke immer weiter zurückgenommen, bis fast nichts mehr zu hören ist. Dann wird fragend das Wort „begin-i-gin" geflüstert und mit einem verneinenden Kopfschütteln beantwortet.

Hello! Ma Baby!

Gesten zum Lied/Spielszene

An Revue-Songs erinnerndes Lied im Ragtime-Stil der 20er Jahre. Das Taktmotiv am Liedanfang ist bestimmend für die ganze Melodie.

Arbeitsvorschläge
Die folgenden *pantomimischen Gesten* werden sukzessive erarbeitet, *bevor* das Lied ersungen wird. Zunächst wird die erste Geste geübt, dann die nächste, danach beide Gesten nacheinander, dann kommt nach und nach eine Geste mehr dazu.

Text		Bewegung
Hello! ma baby,		rechte Hand
Hello! ma honey,		linke Hand
Hello! ma ragtime gal.		beide Hände
Send me a *kiss* by wire,		Handküßchen
Baby, my *heart's* on fire.		
If you *refuse* me,		abwehrend
Honey, you'll *lose* me,		mit dem Finger drohen
then you'll be *left* alone.		wegwerfend
Oh! baby, *telephone*		Hörer ans Ohr
and tell me, *I*'se		auf sich selbst zeigen
your		auf jemanden anders zeigen
own.		Herz formen
Hello! Hello! Hello there!		einladende Geste, r. Hd, l. Hd, beide Hände

Die Gesten werden dann nach und nach mit dem *gesprochenen* Text verbunden. In einem dritten Durchgang tritt die Melodie dazu. Das alles geschieht möglichst auswendig, ohne Notenblatt!
Variante: Die Melodie wird nur gesummt und dabei die Gesten ausgeführt (ohne Wiederholung), dann folgt das ganze Lied auf Text gesungen (mit Gesten).
Die Schüler sollten übrigens relativ dicht beieinander stehen, dadurch wird die optische Wirkung der gemeinsam ausgeführten Bewegungen noch gesteigert.
Aus dem Lied und den pantomimischen Gesten läßt sich eine kleine *Spielszene* entwickeln: Die Klasse oder der Chor steht im Halbkreis um einen Schüler herum, der an einem Tischchen sitzt. Auf dem Tischchen steht ein Telefon, der Schüler wählt, lehnt sich zurück und spielt stumm ein Telefongespräch. Die anderen Schüler schauen ihm zunächst neugierig zu; sobald er gewählt hat und die Verbindung hergestellt ist, erfolgt der Einsatz für das Lied. Am Schluß verharrt die Klasse in der gerade eingenommenen Haltung, der telefonierende Schüler legt zufrieden lächelnd den Hörer auf.

Ici, dans cette grande salle

Pantomime

Spiellied („chanson à mimer“) aus Frankreich.

2. Ici, dans cett' grand' salle,
il y a un orchestr'.
Ici, dans cett' grand' salle,
on joue du violon.
‖: Vio, vio, violon. :‖

3. ... on joue d' la trompette.
‖: Tara, tara, tarata. :‖

4. ... on joue des timbales.
‖: Doumba, doumba, doumbaba. :‖

(piano = Klavier / violon = Violine / trompette = Trompete / timbales = Pauken)

Trad. aus Frankreich.

Arbeitsvorschläge

Zum gesungenen Lied imitieren einzelne oder auch mehrere Schüler das Spielen der jeweiligen Instrumente:

le piano (Klavier):	sich umständlich auf einen imaginären Klavierhocker schwingen, große Greifbewegungen mit den Händen, „Triller“, Kopf in den Nacken und Augen schließen usw.
le violon (Geige):	Saiten stimmen, anzupfen, große Streichbewegung, Augen geschlossen usw.
la trompette (Trompete):	Ventile drücken, „Pausbacken“ machen, Instrument und Kopf heben (hoher Ton) usw.
les timbales (Pauken):	mit beiden Händen Pauken schlagen, einen kurzen Wirbel einbauen, Pauken mit den Händen abdämpfen usw.

Variante:

Ab der zweiten Strophe wird der zweite Teil des Liedes wiederholt und das vorangegangene Instrument mit dazugenommen, sowohl die jeweilige Textzeile als auch die Pantomime:

2. Strophe: violon / violon + piano
3. Strophe: trompette / trompette + violon + piano
4. Strophe: timbales / timbales + trompette + violon + piano

In Zusammenarbeit mit dem Französischlehrer lassen sich sicher noch mehr Instrumente zur Vervollständigung des Orchesters finden.

Ist es noch weit nach Bethlehem?

Spielszene

Scherzhaftes englisches Weihnachtslied

Englischer Text:

1. How many miles to Bethlehem?
   Three scores and ten!
   Can I get there by candle light?
   Yes, and back again!

2. Macht auf das Tor, und laßt mich rein!
   Zoll kostet's, zahl!
   Ich hab' kein Gold, was soll ich tun?
   Komm ein andermal!

2. Open the gates and let me pass!
   Toll first you pay!
   I have no gold, what shall I do?
   Turn and go away!

Trad. aus England. Deutscher Text: Kurt Pahlen, aus: Die schönsten Weihnachtslieder aus der ganzen Welt,

Arbeitsvorschläge

Zum Lied wird eine kleine *Spielszene* gestaltet, z.B.:
Das Lied wird gesummt, dazu erklingt von einer Instrumentalgruppe der Begleitsatz; währenddessen treten die Akteure auf. Einer größeren Gruppe („Zöllner") steht der Vorsänger gegenüber; er singt: „Ist es noch weit nach Bethlehem?" und macht eine ratsuchende Geste dazu; die große Gruppe antwortet ihm kopfschüttelnd: „Nein, 's ist ganz nah."
In ähnlicher Weise wird der weitere Text gestisch-mimisch dargestellt. Sicher haben auch die Schüler gute Ideen hierzu. Sie sollten sich auch überlegen, wie man vermeiden kann, daß alle Akteure immer am gleichen Fleck stehen.
Für stummes Spiel erhält man Raum, wenn zwischen den Strophen nur der Begleitsatz als Zwischenspiel erklingt.

Die Spielszene kann zu einem einaktigen Theaterstück werden, wenn die Schüler versuchen, die Geschichte weiterzuführen und eigene Strophen zu dichten. Nach der zweiten Strophe bleibt ja offen, ob der Vorsänger sich wegschicken läßt oder nicht. Vielleicht hat er noch einen Weg gefunden, wie er doch nach Bethlehem kommen kann.

Instrumentenbastelsong

Instrumente bauen/Spielszene

Anleitung zum Selbstbau einfacher Instrumente in Liedform, es entstand als Ersatz für Merktexte im Unterricht.
Die Strophen werden auf dieselbe Melodie wie der Refrain gesungen.

1. Und dann drück' ich einen Trinkhalm an einer Seite platt,
   was mit dem Normalgebrauch wirklich nichts zu tun mehr hat,
   schneide dann mit einer Schere links und rechts den Halm spitz zu,
   steck' ihn in den Mund und blase, und das kannst bestimmt auch du.
2. Einen Plastikbecher nehm' ich, drin war Joghurt oder so,
   der kommt nicht mehr in den Müll, da ist auch die Umwelt froh.
   In den Becher füll' ich Erbsen oder kleine Steinchen ein,
   spann' Papier über die Öffnung, schüttle ihn und schon klingt's fein.
3. Und dann geh' ich in den Keller, such' mir einen Pappkarton,
   meine Eltern haben sicher viel mehr als genug davon,
   und mit Fingern, Händen, Stöcken trommle ich darauf herum,
   und, wer das nicht gerne hört, der ist mir einfach viel zu dumm!

Text und Melodie: Wolfgang Koperski.

Arbeitsvorschläge
Die Schüler lesen den Liedtext und bauen die in den Strophen genannten Instrumente.

Varianten:

a) Die Schüler arbeiten in Gruppen, jede erhält den Text einer Strophe und baut das jeweilige Instrument. Zum Schluß führen die Gruppen einander ihre Ergebnisse vor.
b) Der Lehrer spricht den Text einer Strophe und führt dabei die Herstellung eines Instruments vor, anschließend suchen sich die Schüler ein Instrument aus, das sie interessiert, und bauen es selbst nach.

Sind die Instrumente fertiggestellt, wird das Lied gesungen und am Ende jeder Strophe auf dem jeweiligen Instrument improvisiert.

Natürlich können die Schüler noch weitere Strophen über andere Instrumente hinzuerfinden.

Das Lied kann zu einer *Spielszene* ausgebaut werden:
Die Schüler bilden drei Gruppen, jeder wird eine Liedstrophe zugeordnet. Die erste Gruppe tritt auf, singt den Refrain und die erste Strophe und führt dabei die Herstellung des „Trinkhalminstruments" vor. Eventuell muß das Tempo zwischendurch verlangsamt werden, damit die einzelnen Vorgänge während des Singens ausgeführt werden können. Die Gruppe schließt mit einer kurzen Improvisation auf ihren Instrumenten.
In gleicher Weise tritt die zweite Gruppe auf. Unter Umständen müssen verschiedene Schüler gleichzeitig die Phasen der Herstellung von Joghurtbecher-Rasseln zeigen.
Beim Auftritt der dritten Gruppe kann das „in den Keller gehen" pantomimisch dargestellt werden.
Hat auch die dritte Gruppe auf ihren Instrumenten improvisiert, singen alle gemeinsam nochmals den Refrain, dann wird die Liedmelodie auf „lala" gesungen oder gesummt und dazu erklingen alle vorgestellten Instrumente. Dies wird wiederholt, und währenddessen treten die Schüler nacheinander ab, bis alle die Bühne verlassen haben.

Besonders bei einer Aufführung ist zu empfehlen, das Lied auf dem Klavier oder der Gitarre zu begleiten, um den Gesang der einzelnen Gruppen zu stützen. In der Regel wird das Publikum beim Refrain im Takt mitklatschen, ohne daß man dazu besonders auffordern muß.

Cindy

Circle Dance

Amerikanisches Spottlied. Die ständige Versicherung „I'll marry you some day" ist offensichtlich nicht ganz ernst gemeint. Dean Martin hat es in dem berühmten Western-Film „Rio Bravo" aus dem Jahre 1959 gesungen.

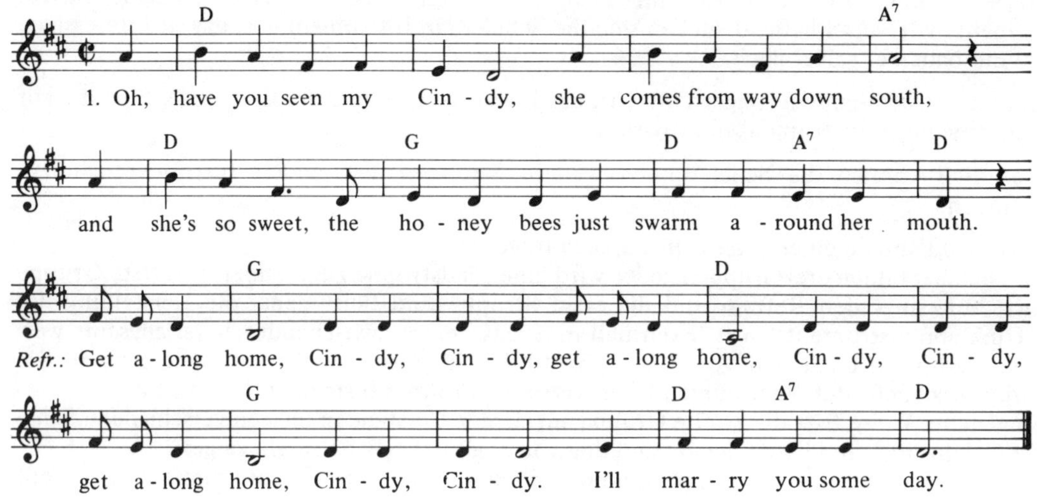

2. I wish I was an apple, a-hangin' on a tree,
   and every time my Cindy passed she'd take a bite of me.
3. The first time I saw Cindy, she was standin' in the door,
   her shoes and stockings in her hand, her feet all over the floor.
4. She took me to the parlor, she cooled me with a fan,
   she swore I was the prettiest thing in the shape of a mortal man.
5. She hugged me and she kissed me, she called me „sugar plum",
   she threw her arms around my neck, I thought my time had come.
6. 𝄽 Cindy got religion, she had it once before,
   but when she heard my old guitar she's the first one on the floor.

(parlor = Wohnzimmer, Salon / fan = Fächer / shape = Form, Gestalt / mortal = sterblich
to hug = umarmen)
Trad. aus den USA.

Arbeitsvorschläge

Der Circle Dance (Kreistanz) ist eine dem Square Dance verwandte Tanzform. Die Figuren sind weitgehend identisch, die Anordnung der Paare erfolgt nur nicht im Viereck (Square), sondern im Kreis.

Bei der Aneignung des Liedes sollte zunächst der Refrain erarbeitet werden, er ist besonders einprägsam. Die Strophen können gut von einem Vorsänger gesungen werden.

Anschließend wird der folgende Tanz[1] erarbeitet:

Alle Tänzer stellen sich paarweise im großen Kreis auf, Front in Tanzrichtung (gegen den Uhrzeigersinn), die Herren stehen innen, die Damen außen.

a) Die Partner fassen sich an der Hand und gehen vier Schritte, rechts beginnend, vorwärts. Mit dem vierten Schritt wenden sie sich einander zu; jeder Schritt entspricht einem Taktschlag (𝅗𝅥) (4 Taktschläge).

b) Die Partner gehen vier Schritte rückwärts auseinander, die Herren zur Kreismitte, die Damen zur Wand (4 Taktschläge).

c) Beide Partner gehen vier Schritte nach rechts diagonal vorwärts auf einen neuen Partner (den, der zuvor rechts vom „alten" Partner stand) zu (4 Taktschläge).

d) Jeder tanzt ein „Do-sa-do" mit dem neuen Partner. Dazu gehen beide jeweils rechtsschultrig vorwärts aneinander vorbei, weiter Rücken an Rücken („dos à dos") rückwärts linksschultrig aneinander vorbei. Dabei bleibt die Blickrichtung konstant, die Partner umtanzen einander, ohne sich umzudrehen!
   Am Ende dieser Figur wenden sich die Partner in Tanzrichtung und fassen sich an der Hand (4 Taktschläge).

e) Wiederholung der Figurenfolge bis zum Ende des Liedes, wobei die Partner ständig wechseln. Nach jeweils 8 Takten ist die Figurenfolge einmal abgelaufen.
   Am Schluß des Tanzes verbeugen sich die Herren vor ihren Damen, diese machen einen leichten Knicks.

Der Lehrer sollte sich diesen Tanz zuvor zuhause gut aneignen, um sich selbst sicher fühlen zu können und seine Schüler nicht zu verwirren. Die einzelnen Figuren sollten in der Klasse zunächst isoliert und ohne Musik geübt, dann nach Teilen des Liedes getanzt und so sukzessiv bis zur endgültigen Form ausgebaut werden.

Der Tanz paßt auch zu den Liedern „I Walk the Line" (S. 90f.) und „I Saw the Light" (S. 23).

1 Nach Gwendolyn und Volker Saftien: Come on, let's square dance, Bielefeld 1979.

Tango facile

Standardtanz/Mixer

Lied und Begleitsatz weisen die typischen Tango-Merkmale auf: die Strophe steht in Moll, der Refrain in der gleichnamigen Dur-Tonart; die Strophen sind rhythmisch prägnant, auftaktig, lebendig, der Refrain dagegen gleichförmig und von schmachtendem Gestus. Während des ganzen Stückes pulsiert im Begleitsatz ein ostinater Tango-Grundrhythmus.

1. A7 Dm
2. A7 Dm A7 Dm
Rhythmus sich hin und her. Ver -
Tan - go - tanzen ist nicht schwer. O-lé!
Fine
Fine
Fine
(8)
8
(16)
B
D D G D
La la la la la la la
(oder gesummt)
(8)
8
(16)
A7 1. D A7
la la la la la la la la, la la la
(8)
8
(16)

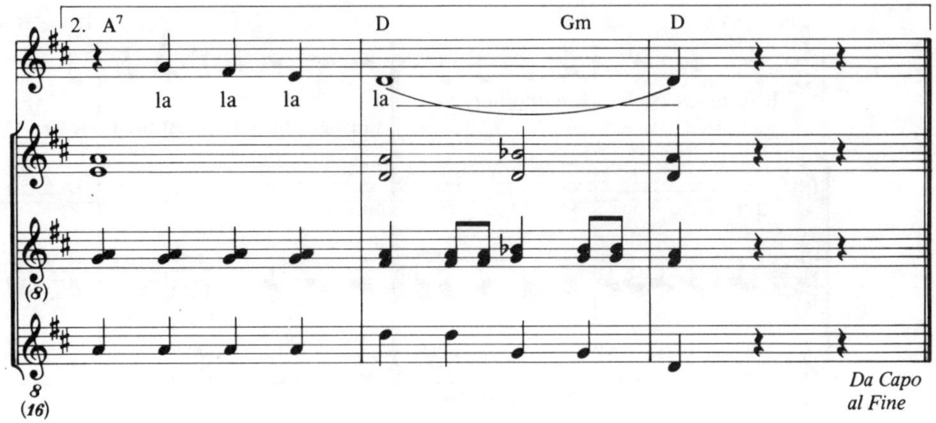

Schlaginstrument 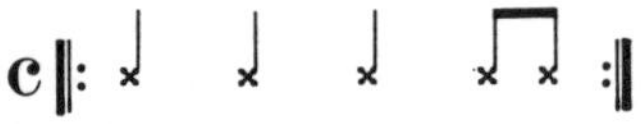

Text, Melodie und Satz: Wolfgang Koperski.

Arbeitsvorschläge

Das Lied wird gesungen, und da es ein bißchen ironisch gemeint ist, darf es ruhig *etwas* „kitschig“ klingen. Zur Begleitung dient der beigegebene Instrumentalsatz, oder der Lehrer spielt auf dem Klavier mit.

Im Refrain kann das Lied etwas leiser und nur von einem Teil der Klasse gesungen werden. Andere Schüler improvisieren dazu halblaute Gesprächsfetzen, wie sie auf einer Tanzfläche zu hören sein könnten:

„Ach, Sie sind auch hier?“
„Netter Abend, nicht wahr?“
„Lauter nette Leute ...“
„Haben Sie schon gesehen ...?“
„Die Schulze-Westenbrink ist auch da ...“
„Sie Schelm, Sie ...!“

Der Gesang und die Gesprächsbruchstücke erzeugen dann eine Art „Salonatmosphäre“ von leicht „plüschigem“ Charakter. Bei einer Aufführung läßt sich diese Atmosphäre durch eine geeignete Beleuchtung (rote Glühbirnen erzeugen „rosarotes Dämmerlicht“) noch steigern.

Zum Lied tanzen die Schüler entweder einen *Tango* oder – besonders, wenn es sich um jüngere Schüler handelt – einen *Tango-Mixer*.

Tango (Grundschritte):

Dame und Herr stehen in Tanzhaltung;

Herr: Schritt rechts vorwärts, dann links vorwärts (𝅗𝅥 𝅗𝅥); rechten Fuß nach vorn setzen, linker Fuß bleibt an seinem Platz; Gewicht erst auf das rechte, dann auf das linke und wieder auf das rechte Bein verlagern, die Füße werden dabei nicht angehoben, „Wiegeschritt“ (♩♩ 𝅗𝅥); dasselbe nach vorn oder zurück, mit dem linken Fuß beginnend.

Dame: analoge Schritte, aber mit dem linken Fuß nach rückwärts beginnend.

Die gleichen Schritte können auch nach der Seite ausgeführt werden, die Partner wenden sich dazu um 90° in Richtung der gefaßten Hände, sie stehen dann nebeneinander und blicken in dieselbe Richtung. Beide Partner tanzen dann vorwärts, Außenfuß beginnt.

Tango-Mixer:
Alle Paare bilden einen Kreis, Blickrichtung gegen den Uhrzeigersinn, der Herr steht links, die Dame rechts.

Haltung: Die rechte Hand des Herrn faßt über der rechten Schulter der Dame deren rechte Hand; die linken Hände fassen sich vorn.

Grundschritt: Beide Partner beginnen mit dem linken Fuß. Dieser wird vorn und hinten aufgetippt, wobei der Fuß „angewinkelt" bleibt. Es folgen drei Schritte vorwärts, links beginnend (𝅗𝅥 𝅗𝅥 | ♩♩𝅗𝅥).

Verlauf:
a) Grundschritt, links beginnend;
b) Grundschritt, rechts beginnend;
c) *Drehung* der Dame: beide Partner tippen vorn und hinten mit dem Fuß auf, die Dame geht die drei Vorwärtsschritte um den Herrn herum (Hände rechts lösen!) und steht nun in Gegenrichtung *im* Kreis; Herr tanzt die drei Schritte am Platz. Beide Partner tippen wieder vorn und hinten mit dem Fuß auf, die Dame dreht sich bei den folgenden Vorwärtsschritten unter dem linken Arm hindurch im Uhrzeigersinn, so daß sie den nächsten Herrn erreicht und wieder in Tanzrichtung blickt. Der Herr tanzt am Platz;
d) die Verläufe a) bis c) werden bis zum Ende des Liedes fortlaufend wiederholt.

Für eine Aufführung, z.B. vor Eltern, eignet sich das folgende Vorgehen: Im Unterricht werden Gesang und Instrumentalbegleitung auf Tonband aufgenommen. Zur Aufführung tanzen die Schüler nach der Musik vom Tonband, die Gesprächsbruchstücke zur Erzeugung der „Salonatmosphäre" werden dazu „live" improvisiert. Eventuell kann das Publikum hierbei und auch beim Tanzen mit einbezogen werden.

Hinweis: Der Lehrer sollte die Tanzschritte, besonders die des Mixers, zu Hause mit geduldigen Partnern üben. Es ist die grundsätzliche Problematik von Tanzbeschreibungen, daß sie mitunter schwer verständlich geraten, weil es schwierig ist, Bewegungen mit Worten treffend zu beschreiben.

Ein weiteres Lied zum Tanzen („Simi jadech") findet sich auf S. 120.

2.6. Unterrichtsmodelle

In den vorangegangenen Kapiteln war es nötig, jeweils einen Bereich der Arbeit am Lied und daraus wiederum einen bestimmten Teilaspekt in den Vordergrund zu stellen. Nur so konnten unnötige Wiederholungen und Unübersichtlichkeit in der Darstellung vermieden werden.
Mit den folgenden vier Unterrichtsmodellen möchte ich konkrete Beispiele dafür geben, wie Arbeit am Lied im Unterricht aussehen kann. Dazu habe ich zu einem Lied Arbeitsvorschläge ausgewählt, die aus verschiedenen Bereichen stammen, sie auf das jeweilige Lied und eine bestimmte Klassenstufe bezogen und zu einer Unterrichtseinheit zusammengestellt.
Die Unterrichtsmodelle mögen als Anregung und zur weiteren Verdeutlichung dienen.

Übersicht

Lied	*Klassenstufe*	*Lied*	*Klassenstufe*
Schneider Courage	5	Simi jadech	7
Fiddle Dee Dee	6	Fünfzig Thaler bares Geld	9

Schneider Courage

Unterrichtsmodell Klasse 5

Der Text des Liedes ist ein Gedicht von Johann Wolfgang von Goethe, das Karl Friedrich Zelter 1810 vertonte. Heute ist die Melodie allgemein mit dem Text „Der Kuckuck und der Esel“ von Hoffmann von Fallersleben (1843) bekannt.

2. Die Spatzen in dem Garten,
die machen viel Verdruß.
‖: Zwei Spatzen und ein Schneider, :‖
die fielen von dem Schuß.
‖: Piff! Paff! :‖

3. Die Spatzen von den Schroten,
der Schneider von dem Schreck,
‖: die Spatzen in die Schoten, :‖
der Schneider in den –.
‖: Piff! Paff! :‖

Text: Johann Wolfgang von Goethe, Melodie: Karl Friedrich Zelter.

Arbeitsvorschläge

a) Das Gedicht wird gelesen oder vom Lehrer vorgetragen. Hierbei sollten die Wiederholungen, die im Lied vorkommen, weggelassen werden. Bei einer kurzen Besprechung des Textes wird auf die letzte Strophe und das schamhaft ausgelassene letzte Reimwort „Dreck“ eingegangen, das die Pointe des Textes und seine komische Wirkung noch steigert. Zu Goethes Zeit wußte sicher jeder, welches Wort dort hingehört, aber niemand brauchte so unfein zu sein, es auch auszusprechen.

b) Der Jäger hat eine Schrotflinte. Welches Geräusch macht sie beim Schießen? Die ersten vier Takte der Melodie werden auf entsprechende Tonsilben (z. B. „bumm“) gesungen. Jeder Ton wird dabei durch einen Zwerchfellimpuls (bewußte Kontraktion der Bauchmuskulatur mit sofortiger Entspannung) „herausgeschleudert“. Entsprechend wird mit anderen Tonsilben (Schülervorschläge) verfahren, u.a. auch mit den im Lied vorkommenden Silben „piff, paff“.

c) Da die Liedmelodie wahrscheinlich allen Schülern bekannt ist, braucht sie nicht aufwendig erarbeitet zu werden. So kann recht bald durch Umgestaltung zu einer Art Kanon (vgl. S. 64) das zweistimmige Singen angestrebt werden. Dazu werden zunächst die ersten vier Takte, danach die nächsten beiden, schließlich die folgenden zwei Takte gesungen, jedesmal mit der Hauptstimme beginnend und die Unterstimme anschließend. Die einzelnen Teile werden dann im Kanon gesungen, danach läßt man entweder die jeweiligen Teile der Unter- bzw. die der Hauptstimme weg, so daß eine Gruppe nur noch die Melodie, die andere nur noch die Unterstimme singt.

d) Als Vorübung für den Schluß werden die folgenden „Schluß-Floskeln“ gesungen:

Als *Einstieg* in diese Phase bietet sich folgende *Einkleidung* an: „An manchen Tagen sind viele Jäger im Wald, jeder schießt anders. Welche Schüsse ähneln einander und worin?“ Solche Ähnlichkeiten können die Schüler – noch vor dem Singen – aus dem Notenbild ablesen, womit gleichzeitig ein wenig „Notentraining“ betrieben wird.
Noch einige *Hinweise*: Floskel d) und f) entstammen dem Lied; f) entspricht dem Anfang des Liedes „Winde wehn, Schiffe gehn“, was u. U. beim Singen der Floskel helfen kann; das f″ in Floskel d) läßt sich durch ein kurzes Nicken kurz vor dem Ton leichter singen (vgl. S. 38).

Der Schluß wird nun dem Lied angefügt. Eventuell kann er auch instrumental ausgeführt und dann der Text nur dazu gesprochen werden.

Erweiterungsmöglichkeit:
Zur Illustration des Textes werden durch Schläge auf der Holzblocktrommel Schüsse imitiert: im 2. und 4. Takt in die Viertelpause auf der dritten Zählzeit, am Schluß – dem Text entsprechend – auf die letzten fünf Viertel.

(Dauer der Unterrichtseinheit: ca. 2 Stunden)

Fiddle Dee Dee

Unterrichtsmodell Klasse 6

Das amerikanische Volkslied erzählt von der Hochzeit eines recht ungleichen Paares, einer Hummel und einer Fliege.

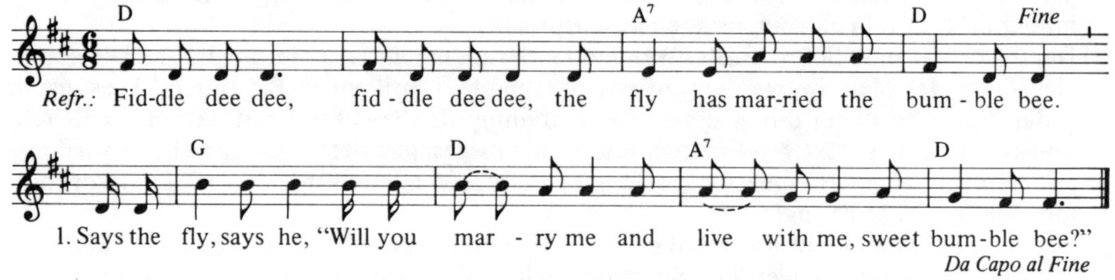

2. Says the bee, says she, „I'll live under your wing, and you'll never know I carry a sting."
3. So when parson beetle had joined the pair, they both went out to take the air.
4. And the flies did buzz, and the bells did ring, did ever you hear so merry a thing?

Trad. aus den USA. (sting = Stachel / parson = Pfarrer)

Zum Refrain

Stabspiele o.a.

Arbeitsvorschläge

a) Der Lehrer schreibt die Wörter FLY und BUMBLE BEE an die Tafel und gibt die Übersetzung. Die Schüler werden aufgefordert, die Geräusche, die diese Tiere machen, nachzuahmen.
Die freien Stimmexperimente werden später in einen 6/8-Takt eingeordnet, z.B.:

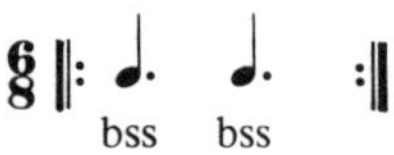

Als metrische Stütze dienen ein Klatscher und ein Fingerschnippen, die Teil einer schwingenden Dirigiergeste sind (vgl. S. 89):

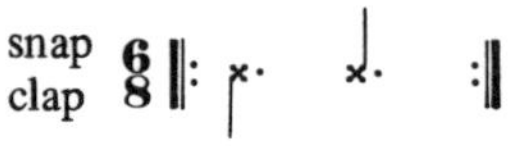

b) Die folgende Melodie wird zunächst auf Tonsilben gesungen und dann *als Kanon* musiziert, so daß schon die Zweistimmigkeit erreicht ist. Noten sollen den Schülern noch nicht vorliegen (vgl. S. 64).

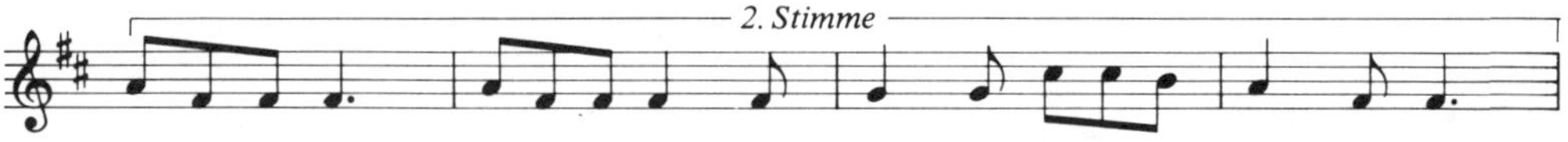

In den folgenden Übungsdurchgängen treten der Text des Refrains und die rhythmische Begleitung aus a) dazu.

c) In der nächsten Unterrichtsstunde erhalten die Schüler den Notentext des Liedes. An diesem wird ein „Notentraining“ (vgl. S. 10f.) durchgeführt, z. B.:

„In der Melodie steckt ein Stück Tonleiter? Wo?
Kreise die Töne ein, wo sie zum ersten Mal auftreten.
Wie heißen sie?“ (h′, a′, g′, fis′; ab Takt 5)
„Das Lied steht in D-Dur. Welche Töne der D-Dur-Tonleiter fehlen in der Melodie?“ (cis″, d″)
„Das cis haben wir aber trotzdem musiziert, wo steckt es?“ (in der zweiten Stimme)

d) Die Liedbegleitung soll noch erweitert werden.
Dazu wird in zwei verschiedenen Klangfarben (Körperinstrumente, Schlaginstrumente) dieser Rhythmus musiziert:

Dann wird die Reihenfolge der Klangfarben verändert:

e) Für den Refrain stehen nun folgende Begleitelemente zur Verfügung: die zweite Stimme, die Baßstimme und die vorher erarbeitete Schlagbegleitung. Letztere wird auch zur Begleitung der Strophen herangezogen.

f) *Erweiterungsmöglichkeiten:*
Zu den einzelnen Strophen werden Bilder gemalt und an entsprechender Stelle gezeigt.

Die Begleitung kann noch aufwendiger gestaltet werden: Baßstimme als Vorspiel summen, dann Liedeinsatz mit Begleitung, Refrainmelodie als Nachspiel auf „bss“ (stimmhaftes s) gesungen, dazu die Baßstimme auf „ding, dong“ (Imitation der Tiere und der Kirchenglocken, vgl. 4. Strophe); die Instrumentalbegleitung läuft dazu weiter wie zuvor; am Schluß „fade-out“ (allmählich immer leiser werden, verklingen lassen).

(Dauer der Unterrichtseinheit: ca. 2–3 Stunden)

Simi jadech

Tanzlied aus Israel

Übersetzung:
Leg deine Hand in meine Hand,
du bist mein und ich bin dein.
Hej, hej, Galija, schöne Tochter der Berge.

Trad. aus Israel.

Begleitsatz

Blockflöten/Stabspiele

Schlaginstrumente
(Claves o.ä.)

Arbeitsvorschläge

a) Zur Befestigung des Metrums dienen *Klanggesten.* Der Lehrer macht vor, die Schüler ahmen nach (vgl. S. 21 f.)

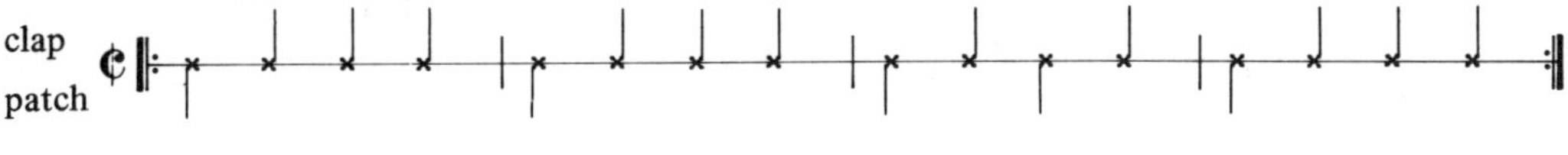

b) Der *Text* wird im Liedrhythmus *gesprochen*, leise, aber deutlich. Dabei ist besonders auf das Rachen-ch in „ani schelach" und „bat harim" zu achten.
Dazu wird mit zwei Fingern in die Handinnenfläche getippt:

In den weiteren Durchgängen wird dabei der Text dynamisch abwechslungsreich gestaltet (vgl. S. 28ff.):

Simi jadech bejadi ani schelach we at scheli.
mf
Hej, hej, Galija, bat harim jefeifia.
f ***mf*** ——— ***mp***

c) Das *rhythmische Taktmotiv* wird „durch die Reihen gegeben"; anschließend wird es im Kanon musiziert: einer beginnt, die anderen kommen, jeweils einen halben Takt später beginnend, dazu.
Ergänzend wird dazu der Takt auf zwei Pauken oder einer Handtrommel gespielt:

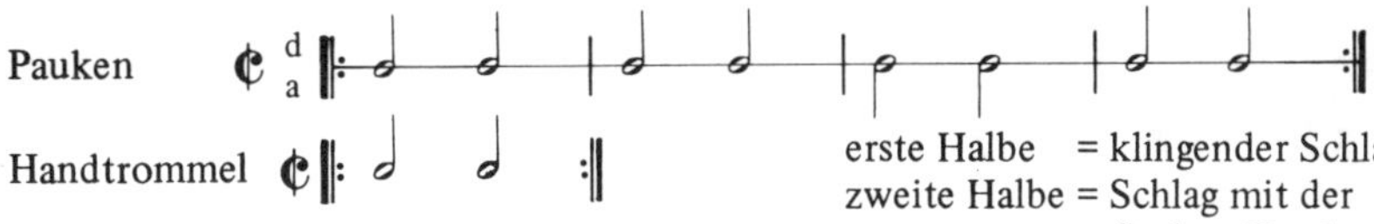

erste Halbe = klingender Schlag
zweite Halbe = Schlag mit der flachen Hand auf das Fell

d) Das Lied wird gesungen, die zuvor erarbeiteten rhythmischen Begleitformeln treten hinzu, die dynamische Gestaltung des Textes wird auf das Singen übertragen.
Ergänzend kann der Begleitsatz für Blockflöten oder Stabspiele gespielt werden.

e) Lied und Begleitung werden auf Tonband aufgenommen. Zur Tonbandaufnahme wird der folgende Tanz ausgeführt:

Aufstellung im Kreis, Hände durchgefaßt.

Erster Teil: pro Takt Arme vor- und rückwärts schwingen, dabei Blickrichtung abwechselnd nach oben (Sonne) bzw. nach unten (Erde).
Takt 1: rechter Fuß überkreuzt linken, Belastung nach vorn,
Takt 2: Schritt mit dem linken Fuß seitwärts,
Takt 3: rechter Fuß überkreuzt hinter dem linken, Belastung nach hinten,
Takt 4: Schritt mit dem linken Fuß seitwärts.

Zweiter Teil: abwechselnd zweimal auf dem rechten, zweimal auf dem linken Bein nach links hüpfen (3mal), ab „feifia" 3 Stampfer mit halber Drehung; dann dasselbe nach rechts, linker Fuß beginnt.

(Dauer der Unterrichtseinheit: 3–4 Stunden)

Fünfzig Thaler baares Geld

Unterrichtsmodell Klasse 9

Baß-Arie aus der „Bauernkantate“, BWV 212, von Johann Sebastian Bach. Das Original steht in B-Dur und ist hier der besseren Les- und Spielbarkeit wegen nach C-Dur transponiert.

Aus: Johann Sebastian Bach: Kantate Nr. 212 „Mer hahn en neue Oberkeet", BWV 212. Klavierauszug: Edition Breitkopf Nr. 7212, Verlag Breitkopf & Härtel, Wiesbaden (Bearbeitung: Wolfgang Koperski).

Arbeitsvorschläge

Das Kopfmotiv (a) der Arie weist einen Tanzrhythmus (Mazurka) auf:

Das nächste Motiv (b) bringt, abwechselnd mit dem Grundton, einen Skalenausschnitt. Auch im dritten Motiv (c) ist der Tanzrhythmus noch spürbar. Die nächsten beiden Motive (d) und (e) bringen als auffällige Merkmale die Tonrepetition bzw. eine Koloratur. Über den formalen Aufbau gibt der folgende Streckenplan Auskunft:

A				A′				A″					
a	b	a	b	a′	a′	c	c′	—	d	d	e	c″	
								a′	a′	c	c′		← Instrumente
2	2	2	2	2	2	2	3	2	2	2	3		

Auffallend ist, daß Bach im letzten Teil (A″) in der Instrumentalbegleitung im wesentlichen die Motive des Mittelteils (A′) der Melodie verwendet und sie dieser als Kontrapunkt gegenüberstellt. Durch den Einschub (Takt 10) ist der Teil c′ um einen Takt länger; dies gleicht Bach aus, indem er in die Melodie einen Pausentakt (Takt 12) einfügt, während die Instrumentalbegleitung schon den Mittelteil der Melodie aufnimmt. Der dritte Teil der Arie ist somit eigentlich eine durch die Gesangsstimme variierte Wiederholung des zweiten Teils.

Bachs Musik interpretiert und verdeutlicht in subtiler Weise den Text:

„Fünfzig Thaler" – Sprechrhythmus wird aufgenommen (T. 1): ♪.♬ ♩ ♩

„bleibt wohl fort" – „achselzuckendes", gleichmütig anmutendes Motiv (T. 6):

Wiederholung: „fünfzig Thaler" – eingeschobener Takt, Wiederholung (T. 10)

„lass die fünfzig Thaler fahren" – Oktavsprung abwärts in der Melodie, Tonleiter abwärts in kurzen Notenwerten in der Begleitung (T. 11)

Schluß: „Lass die fünfzig Thaler fahren" – abschließendes Unisono von Stimme und Instrumenten (T. 19, 20)

Den Schülern wird die in Bachs Kantate zugrundeliegende Situation vorgestellt, sie ergänzen die Szenerie durch eigene Vorstellungen: ein neuer Kammerherr spendiert eine Runde im Wirtshaus, um sich bei den Leuten im Dorf beliebt zu machen (vgl. S. 12).

Das Lied wird gesungen, der Lehrer begleitet am Klavier.

Anhand der Noten wird ein *Streckenplan der Melodie* aufgestellt (vgl. auch S. 13f.).

In einer Folgestunde wird weiter am ganzen Notentext gearbeitet. Das Ziel ist, Bachs Kompositionsweise auf die Spur zu kommen.
„Wo treten Skalenausschnitte auf (Melodie, Begleitung)?"
„Welchen Aufbau weist die Begleitung auf?"
„Welche Motive lassen sich unterscheiden?"
„Wo lassen sich Motive wiederfinden? Wie wird mit ihnen gearbeitet?"
(Hinweis: Der angegebene Begleitsatz orientiert sich eng am Klavierauszug und enthält die wichtigsten musikalischen Elemente des Originals; der Klavierauszug kann ergänzend dazutreten.)

Der Begleitsatz wird erarbeitet (Orff-Instrumente oder andere) und das Lied dazu gesungen.

Erweiterungsmöglichkeiten:
a) Falls das Stück einmal aufgeführt werden soll, kann eine Spielszene den Gesang und das Instrumentalspiel ergänzen: Wirtshausszene, Vorsänger, Chor der übrigen Gäste; welche Teile sollen solistisch, welche chorisch besetzt werden? Was geschieht im Wirtshaus (Gespräche, Tanz, Trinken, Würfelspiel usw.) und wie kann man es darstellen? Die Schüler sollten hier eigene Vorschläge machen und zu einer Szene gestalten.
b) Die Schüler untersuchen, in welcher Weise Bach einzelne Textpassagen in Musik umsetzt bzw. durch die Musik interpretiert. An welchen Stellen geschieht das in der Melodie, an welchen in der Begleitung?

(Dauer der Unterrichtseinheit: ca. 4 Stunden)

3. Anhang

3.1. Literaturverzeichnis

Bach, Johann Sebastian: Kantate Nr. 212 „Mer hahn en neue Oberkeet“ (Bauernkantate), Klavierauszug, Verlag Breitkopf & Härtel, Wiesbaden

Gurlitt, Willibald/Eggebrecht, Hans Heinrich: Riemann Musik Lexikon – Sachteil, Verlag B. Schott's Söhne, Mainz 1967

Lugert, Wulf Dieter/Schütz, Volker (Hg.): Populäre Musik im Unterricht, Heft 8, Institut für Didaktik populärer Musik, Lüneburg 1984

Rüdiger, Adolf: Stimmbildung im Lied, Verlag Moritz Diesterweg, Frankfurt am Main ^{6}1982

Saftien, Gwendolyn und Volker: Come on – let's square dance, Verlag Cornelsen-Velhagen & Klasing, Berlin 1979

Siniveer, Kaarel: Folk Lexikon, Rowohlt Taschenbuch Verlag, Reinbek 1981

Stahl, Wilhelm (Hg.): Niederdeutsche Volkstänze, Verlag Georg Westermann, Braunschweig und Hamburg 1923

Werdin, Eberhard: Musikalische Grundausbildung am Lied, Möseler Verlag, Wolfenbüttel und Zürich 1967

Liederbücher:

Beinhoff, Howard/Färber, Karl-Heinz: Chantons gaiement, Verlag Moritz Diesterweg, Frankfurt am Main ^{6}1976

Bennecke, Bernd/Wulf, Wilhelm: „Pfeif drauf!“, Liedblatt der Arbeitsgemeinschaft Liedblatt, Bündheim/Harz, April 1967

Berthier, Jean Edel (Hg.): 1000 chants, Les presses d'Ile-de-France, Paris, 2. Auflage o. J.

Buchner, Gerhard (Hg.): Lieder, Songs und Gospels, Franz Schneider Verlag, München, Wien 1978

Buchner, Gerhard (Hg.): Songs aus Amerika, Franz Schneider Verlag, München, Wien 1980

Buhé, Klaus (Hg.): Amerikanisches Folksong-Büchlein, Heinrichshofen's Verlag, Wilhelmshaven, 1975

Buhé, Klaus (Hg.): Englisches Folksong-Büchlein, Heinrichshofen's Verlag, Wilhelmshaven, 1976

Cornelsen Verlag, Verlagsredaktion (Hg.): 50 Favourite Songs from Britain and America, Franz Cornelsen Verlag, Berlin ^{8}1962

Francis & Day's Popular Community Songbook For All Occasions, Verlag Francis, Day & Hunter Ltd., London o. J.

Haufrecht, Herbert (Hg.): Folk Sing, Hollis Music Inc., New York o. J.; für Deutschland: Essex Musikvertrieb, Köln

Haus, Karl/Möckl, Franz (Hg.): Lied international, Bayerischer Schulbuchverlag, München; Verlag B. Schott's Söhne, Mainz 1980

Jakoby, Richard/Weber, Horst (Hg.): Musik im Leben, Verlag Moritz Diesterweg, Frankfurt am Main ^{25}1973

Kirmeyer, Rudolf (Hg.): Goethe-Gedichte in Liedern, Bayerischer Schulbuch-Verlag, München 1949

Klein, Richard Rudolf/Weber, Horst (Hg.): Die Welt im Lied, Verlag Moritz Diesterweg 1982

Klusen, Ernst (Hg.): Deutsche Lieder, Insel Verlag, Frankfurt am Main 1980

Leonhardt, Luise (Hg.): Tierlieder der Völker, Möseler Verlag, Wolfenbüttel und Zürich 1969

Obermaier, Gilbert: Lieder der unvergessenen Heimat, Wilhelm Heyne Verlag, München 1981

Pahlen, Kurt (Hg.): So singt die Jugend der Welt, Südwest Verlag, München 1969

Pahlen, Kurt (Hg.): Die schönsten Weihnachtslieder aus der ganzen Welt, Südwest Verlag, München 1970

Paulin, Don (Hg.): Das Cowboyliederbuch, Deutscher Taschenbuch Verlag, München 1982

Senft, Jochen (Hg.): Gospels, Shanties, Folklore, Voggenreiter Verlag, Bad Godesberg/ Möseler Verlag, Wolfenbüttel und Zürich o.J.

Student für Europa – Student für Berlin e. V. (Hg.): Liederbuch, Selbstverlag, Bad Soden, geänderte Auflage 1976

Wilhelmi, Herbert (Hg.): Beiheft zur LP II „Volkslieder aus Schlesien" der Schallplatten-dokumentation „Volkslieder aus den deutschen Vertreibungsgebieten"; DGG 0654071-3

Wolters, Gottfried (Hg.): ars musica, Band I, Singbuch, Möseler Verlag, Wolfenbüttel und Zürich 1962

Wolters, Gottfried (Hg.): ars musica, Band II, Chor im Anfang, Möseler Verlag, Wolfenbüttel und Zürich 1965

Wolters, Gottfried (Hg.): Das singende Jahr, Sammelband B, Möseler Verlag, Wolfenbüttel und Zürich 1969

Wolters, Gottfried (Hg.): Das singende Jahr, Jahresband 1953, Möseler Verlag, Wolfenbüttel und Zürich 1953

3.2. Alphabetisches Verzeichnis der Liedanfänge